**Financiamento
e gestão financeira de
campanhas eleitorais**

Financiamento e gestão financeira de campanhas eleitorais

Alexandre Di Pietra
Raquel Maria Ferro Nogueira

Rua Clara Vendramin, 58 . Mossunguê . CEP 81200-170 . Curitiba . PR . Brasil
Fone: (41) 2106-4170 . www.intersaberes.com . editora@intersaberes.com

Conselho editorial
  Dr. Alexandre Coutinho Pagliarini
  Dr.ª Elena Godoy
  Dr. Neri dos Santos
  M.ª Maria Lúcia Prado Sabatella

Editora-chefe
  Lindsay Azambuja

Gerente editorial
  Ariadne Nunes Wenger

Assistente editorial
  Daniela Viroli Pereira Pinto

Preparação de originais
  Landmark Revisão de Textos

Edição de texto
  Millefoglie Serviços de Edição

Capa
  Iná Trigo (*design*)
  Mintoboru, Ole moda/Shutterstock (imagens)

Projeto gráfico
  Bruno de Oliveira

Diagramação
  Cassiano Darela

Designer responsável
  Iná Trigo

Iconografia
  Maria Elisa Sonda
  Regina Claudia Cruz Prestes

Dados Internacionais de Catalogação na Publicação (CIP)
(Câmara Brasileira do Livro, SP, Brasil)

Di Pietra, Alexandre
  Financiamento e gestão financeira de campanhas eleitorais / Alexandre Di Pietra, Raquel Maria Ferro Nogueira. -- Curitiba, PR : Editora Intersaberes, 2023.

  Bibliografia.
  ISBN 978-85-227-0531-3

  1. Campanha eleitoral – Brasil 2. Financiamento eleitoral 3. Gestão financeira 4. Justiça eleitoral 5. Prestação de contas I. Nogueira, Raquel Maria Ferro. II. Título.

23-151865   CDD-320

Índices para catálogo sistemático:
1. Campanha eleitoral : Ciência política   320

Eliane de Freitas Leite – Bibliotecária – CRB 8/8415

1ª edição, 2023.

Foi feito o depósito legal.

Informamos que é de inteira responsabilidade dos autores a emissão de conceitos.

Nenhuma parte desta publicação poderá ser reproduzida por qualquer meio ou forma sem a prévia autorização da Editora InterSaberes.

A violação dos direitos autorais é crime estabelecido na Lei n. 9.610/1998 e punido pelo art. 184 do Código Penal.

Sumário

9 *Apresentação*
11 *Como aproveitar ao máximo este livro*
15 *Introdução*

Capítulo 1
19 **Arrecadação e receita eleitoral**

(1.1)
21 Aspectos gerais

(1.2)
31 Classificação das possibilidades de arrecadação eleitoral

(1.3)
45 Recursos vedados: RFV e Roni

Capítulo 2
61 **Gasto eleitoral**

(2.1)
63 Conceituação

(2.2)

69 Tipos de gastos eleitorais

(2.3)

81 Gastos não eleitorais

Capítulo 3

93 Gestão financeira e contábil

(3.1)

95 Gestão

(3.2)

130 O contador na campanha eleitoral

Capítulo 4

159 Entrega das contas

(4.1)

161 Obrigação de prestar contas

(4.2)

194 Prestação de contas simplificada

(4.3)

198 Impugnação da prestação de contas

Capítulo 5

207 Análise das contas

(5.1)

209 Análise das prestações de contas de campanha

(5.2)

213 Análise técnica da prestação de contas de campanha

(5.3)
217 Diligências da Justiça Eleitoral

(5.4)
230 Ministério Público Eleitoral

Capítulo 6
239 **Julgamento da prestação de contas
e fiscalização da Justiça Eleitoral**

(6.1)
241 Julgamento das contas

(6.2)
243 Contas julgadas não prestadas

(6.3)
244 Eficácia das decisões

(6.4)
246 Requerimento de regularização

(6.5)
248 Fiscalização da Justiça Eleitoral

261 *Considerações finais*
265 *Referências*
271 *Respostas*
275 *Sobre os autores*

Apresentação

A cada eleição, as normas relativas à matéria financeira têm sido atualizadas para refletir as regras do financiamento eleitoral que ganharam vigência e para atualizar a prestação de contas concernentes a gastos de campanha. E isso é feito pelo Tribunal Superior Eleitoral (TSE), por meio de seu poder normativo, ou seja, o poder para regulamentar as eleições.

Nesse trabalho, o TSE vem publicando resoluções sobre arrecadação, gastos e prestação de contas de campanhas eleitorais, cujo teor é necessário para a condução do processo eleitoral legislativo e, com isso, garantir a imperatividade e a autoexecutoriedade da norma a ser distribuída por todas as regionais. Entretanto, a resolução é elaborada sem a preocupação didático-científica, sendo ausentes também os conceitos jurídicos e contábeis adotados pelo legislador. Nesse sentido, com o objetivo de oferecer aos leitores uma obra introdutória, dedicada ao âmbito da academia, aqui analisamos os temas presentes na resolução.

Inicialmente, a resolução aborda os temas da arrecadação, avançando para o detalhamento, com recibos e contas bancárias, sem especificar o objeto arrecadado, que são as receitas eleitorais. Sabemos que a compreensão do detalhamento está na distinção das características dessas receitas e, até, no modo como elas são arrecadadas, mas esses aspectos encontram-se dispersos ao longo do texto normativo.

Contudo, é da observação dos fenômenos financeiros e contábeis descritos nessa norma eleitoral que se extrai o conteúdo didático presente nesta obra. Eis que cumpre assinalar que, na abordagem didática, a ordem dos temas é fundamental para o sucesso do iniciante e permite segurança para os mais experientes.

Adotamos neste escrito uma visão didática obtida com base na recente especialização chamada *contabilidade eleitoral*, que exige o conhecimento e a aplicação, em tempo real, da *compliance*, ou seja, de todo o regramento desde o início do ciclo do processo eleitoral.

Tal abordagem imprime novos contornos contábeis para os mesmos fatos observados e descritos pelo direito, impondo especial atenção na realização dos atos de gestão, sua documentação e posterior comprovação ante a auditoria da Justiça Eleitoral.

Presentes, também, na auditoria de contas e na valoração dos achados estão as falhas, as irregularidades e as impropriedades que podem se tornar ilícitos em sede de contas, extrapolando essa esfera para alcançar consequências de ordem eleitoral, civil e até criminal.

Assim, na prática, as irregularidades formais e materiais se fundem e podem confundir o analista e até mesmo o experiente julgador.

Nesta obra, portanto, nosso propósito é perscrutar os pontos de convergência da teoria contábil com as normas financeiras, até então estudadas apenas sob o aspecto jurídico.

Nesse contexto, a contabilidade eleitoral é uma ferramenta para se alcançar o almejado fim, que passa pela transparência das contas eleitorais, aparelhando-a tecnicamente, mas que, somente será alcançada em seu máximo potencial com o exercício do controle social.

Como aproveitar ao máximo este livro

Empregamos nesta obra recursos que visam enriquecer seu aprendizado, facilitar a compreensão dos conteúdos e tornar a leitura mais dinâmica. Conheça a seguir cada uma dessas ferramentas e saiba como elas estão distribuídas no decorrer deste livro para bem aproveitá-las.

Conteúdos do capítulo

Logo na abertura do capítulo, relacionamos os conteúdos que nele serão abordados.

Após o estudo deste capítulo,
você será capaz de:

Antes de iniciarmos nossa abordagem, listamos as habilidades trabalhadas no capítulo e os conhecimentos que você assimilará no decorrer do texto.

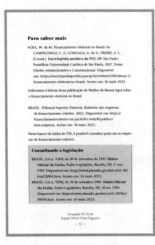

Consultando a legislação

Listamos e comentamos nesta seção os documentos legais que fundamentam a área de conhecimento, o campo profissional ou os temas tratados no capítulo para você consultar a legislação e se atualizar.

Na letra da lei

Nessa seção, reproduzimos *in verbi* excerto de instrumento legal essencial para a compreensão do tema discutido no capítulo e cujo conhecimento seja incontornável na prática profissional em foco.

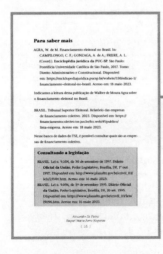

Para saber mais

Sugerimos a leitura de diferentes conteúdos digitais e impressos para que você aprofunde sua aprendizagem e siga buscando conhecimento.

Importante!

Algumas das informações centrais para a compreensão da obra aparecem nesta seção. Aproveite para refletir sobre os conteúdos apresentados.

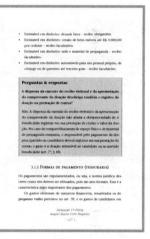

Perguntas & respostas

Nesta seção, respondemos às dúvidas frequentes relacionadas aos conteúdos do capítulo.

Síntese

Ao final de cada capítulo, relacionamos as principais informações nele abordadas a fim de que você avalie as conclusões a que chegou, confirmando-as ou redefinindo-as.

Alexandre Di Pietra | Raquel Maria Ferro Nogueira

Questões para revisão

Ao realizar estas atividades, você poderá rever os principais conceitos analisados. Ao final do livro, disponibilizamos as respostas às questões para a verificação de sua aprendizagem.

Questões para reflexão

Ao propor estas questões, pretendemos estimular sua reflexão crítica sobre temas que ampliam a discussão dos conteúdos tratados no capítulo, contemplando ideias e experiências que podem ser compartilhadas com seus pares.

Introdução

Este estudo tem como base o conteúdo da norma editada pelo Tribunal Superior Eleitoral (TSE), qual seja, a Resolução n. 23.607, de 17 de dezembro de 2019[1] (Brasil, 2019c), após os debates democráticos de legitimação conduzidos pelo TSE, em razão da competência conferida pelo art. 23, inciso IX, do Código Eleitoral – Lei n. 4.737, de 15 de julho de 1965 (Brasil, 1965) – e o art. 105 da Lei n. 9.504, de 30 de dezembro de 1997 (Brasil, 1997). A referida norma apresenta aspectos financeiros, contábeis e jurídico-normativos constantes das resoluções de prestação de contas eleitorais.

Observe-se que, para o pleito de 2022, não houve a edição de uma nova resolução, como sempre ocorreu; em vez disso, fez-se alteração dos dispositivos da norma relativa a 2020, conforme a melhor técnica legislativa, garantindo estabilidade.

Idealizamos, na produção deste escrito, garantir a segurança técnica necessária para a atuação dos profissionais envolvidos e, com isso, assegurar o sucesso do candidato nessa importante área das eleições, que é a diplomação do eleito pela lisura e pela ausência de máculas capazes de interferir no pleito.

Dessa maneira, os capítulos deste livro são apresentados rompendo-se com a estrutura original da resolução, visto que os temas

---

1 *Atualizada pela Resolução n. 23.665, de 9 de dezembro de 2021 (Brasil, 2021a).*

foram reordenados segundo o fluxo natural dos atos e dos fatos da gestão financeira das campanhas.

Sempre que possível, manteremos aqui a identificação, por meio de palavras-chave[2], do tema representativo do teor dos comandos normativos da resolução eleitoral, sem, contudo, exigir sua transcrição na íntegra, o que é típico de obras de caráter didático.

As palavras-chave foram escolhidas tendo-se como referência aqueles indivíduos que, de certa maneira, já acompanharam as normas eleitorais propostas nos últimos anos, que devem encontrar certa facilidade na localização dos temas apresentados.

Entretanto, a abordagem da contabilidade eleitoral é tema novíssimo no contexto já consagrado do direito eleitoral e presta importante contribuição prática e operacional, não somente para o gestor financeiro das campanhas, mas para todos os envolvidos no processo de contas eleitorais.

Assim, o Capítulo 1 é dedicado à busca por uma melhor classificação objetiva das possibilidades de arrecadação. Nesse sentido, versaremos sobre os aspectos conceituais das receitas, apresentando, por fim as características dos recursos que podem ser arrecadados e suas vedações.

No Capítulo 2, procedemos à conceituação, à classificação e à exposição das características dos gastos com finalidade eleitoral. Apresentamos, por isso, objetivamente, a lista não taxativa existente na norma, que arrola os **tipos de gastos eleitorais**, o que auxilia no reconhecimento contábil, pela necessária classificação destes em razão de suas características objetivas, possibilitando, em acréscimo, a identificação de despesas não eleitorais. Ainda, abordaremos o momento do **início dos gastos eleitorais** e, por fim, o

---

2 *Sempre que possível, respeitaremos a nomenclatura adotada no texto original.*

fundamento da dinâmica das diligências e das intimações para o necessário suporte contábil.

Avançando para o Capítulo 3, voltamos nosso interesse para a gestão financeira e suas responsabilidades, ou seja, os atos de gestão de campanha relativos às regras de recebimento e pagamento. Para isso, inicialmente, descreveremos sinteticamente a atuação do tesoureiro, principal colaborador do gestor, e sua contribuição para a operacionalização tanto da arrecadação quanto dos gastos. Na sequência, trataremos da função do profissional da contabilidade para auxiliar o candidato em sua prestação de contas; também comentaremos sobre sua estreita relação com o tesoureiro.

No Capítulo 4, distinguiremos a entrega das contas da prestação, porque esta consiste na operação tecnológica de remessa de informações e documentos reunidos no procedimento relativo à prestação de contas.

Superadas as formalidades da entrega, ato contínuo, as contas são submetidas à análise técnica, que é o tema do Capítulo 5. Nessa parte da obra, debateremos, de forma inédita, uma importante sistematização do procedimento de análise das contas, abrangendo escopo de análise, diligências e pareceres, tanto do analista quanto do Ministério Público.

Por fim, processadas as contas entregues, analisadas pela Justiça Eleitoral, estas serão então objeto de julgamento, tema que atrai também suas variantes possibilidades, como a situação de contas não entregues, que abordaremos no Capítulo 6.

Alexandre Di Pietra | Raquel Maria Ferro Nogueira

Capítulo 1
Arrecadação e receita eleitoral[1]

---
1   Os itens jurídicos (artigos, parágrafos, incisos e alíneas) mencionados neste capítulo são da Resolução n. 23.607, de 17 de dezembro de 2019 (Brasil, 2019c), exceto quando for indicada uma norma específica.

Conteúdos do capítulo

- Arrecadação e receita eleitoral.
- Fontes de financiamento.
- Recursos vedados.
- Recursos de Fontes Vedadas (RFV).
- Recursos de Origem Não Identificada (Roni).

Após o estudo deste capítulo, você será capaz de:

1. citar os tipos de receita direcionados ao financiamento eleitoral;
2. reconhecer e classificar as receitas eleitorais segundo suas características objetivas;
3. identificar as situações de arrecadação, ou seja, as receitas em movimento;
4. elencar os RFV e os Roni;
5. descrever a dinâmica do processo de aceitação e estorno, seja por devolução, seja por transferência ao Tesouro Nacional.

As campanhas eleitorais consomem recursos; logo, arrecadá-los é preciso. Tal tarefa é quase inaugural e, por lógica, precede ao gasto eleitoral, que será tema do Capítulo 2.

Por ora, neste capítulo, visamos à identificação dos **recursos que podem ser arrecadados**, apresentados em contraste com os recursos vedados, ou seja, aqueles que **não podem ser aplicados** em campanha.

De início, vale ressaltar que a vedação é relativa à aplicação (gasto), o que não impede uma eventual arrecadação, ainda que indesejada.

(1.1)
ASPECTOS GERAIS

Inicialmente, temos de caracterizar os diversos tipos de receitas que poderão estar disponíveis para o partido e o candidato aplicarem nas diversas espécies de gastos eleitorais. Os conceitos ora apresentados estão subentendidos na norma eleitoral e, quando trazidos à aplicação, produzem os fatos observáveis à luz da ciência contábil, por natureza, mais próxima à materialidade.

Nossa tarefa, ao delinear as características das receitas, é evidenciar a exata extensão e a complexidade do assunto, para, somente depois, acrescentar-lhe os aspectos operacionais da arrecadação, por exemplo; meios e processos de arrecadação; uso de contas bancárias; e necessidade ou não da emissão de recibos.

Alexandre Di Pietra | Raquel Maria Ferro Nogueira

Por razões didáticas, trataremos dos aspectos operacionais da arrecadação no Capítulo 3, porque estão relacionados à prática dos atos de gestão[2], seja pela arrecadação, seja pelo gasto.

Entretanto, há uma dinâmica entre o tipo de receita, a conta bancária que servirá para o depósito e a emissão de recibo. Essa correlação produz uma classificação a qual denominaremos, neste trabalho, *situações de arrecadação*.

A resolução eleitoral adota o caminho enunciativo inverso, pois apresenta, em primeiro lugar, o recibo, depois as contas e, por último, as receitas. Assim, dedicamos nossa atenção, inicialmente, aos aspectos operacionais para depois estabelecer alguma conceituação do objeto normatizado como *doações*, que são as receitas nos diversos atos de arrecadação.

Por essa razão, abordaremos esses temas em separado: primeiramente, os tipos de receita, com o objetivo de conhecer o que é arrecadado (doações) e, depois, os aspectos operacionais (como arrecadar).

1.1.1 Conceito de arrecadação eleitoral

A arrecadação eleitoral é o ato de gestão em matéria financeira que implica o ingresso de receitas marcadas com finalidade eleitoral, que é específica para o financiamento dos gastos eleitorais.

Arrecadar é ação e movimento. Trata-se de um ato que implica um sujeito, que corresponde ao partido ou ao candidato (quem pode arrecadar), e um objeto, que é a receita eleitoral, também denominada *recurso eleitoral* (o que é arrecadado).

Nesse sentido, a receita eleitoral não se confunde com a receita partidária, ainda que aquela seja arrecadada pelo partido.

---

2   *Os atos de gestão também são denominados* atos de tesouraria.

1.1.2 Finalidade da arrecadação eleitoral

A arrecadação eleitoral deriva da necessidade de custeio (cobertura ou financiamento) dos gastos eleitorais, e isso é o que dá sentido e justifica a existência de tal ato.

Logo, arrecadar recursos com qualquer outro propósito é algo estranho às intenções do legislador, embora não exista uma proibição legal para isso.

Assinalamos que a arrecadação eleitoral se diferencia da arrecadação partidária em razão das diferentes finalidades.

Assim, por um lado, a finalidade específica da arrecadação eleitoral é custear as despesas de campanha – art. 2º da Resolução n. 23.607, de 17 de dezembro de 2019 (Brasil, 2019c) –, tecnicamente denominados de modo mais preciso como *gastos eleitorais*, ou seja, a finalidade é a própria aplicação dos recursos eleitorais. Por outro, receita partidária é o conjunto de recursos destinados à agremiação política, marcados pela finalidade de financiar as instituições democráticas no contexto da organização do Estado. Com fundamento no art. 1º da Lei n. 9.096, de 19 de setembro de 1995 (Brasil, 1995b), a Lei dos Partidos, cumpre aos partidos assegurar, no interesse do regime democrático, a autenticidade do sistema representativo e defender os direitos fundamentais definidos na Constituição Federal. Disso, depreende-se que a finalidade da arrecadação das receitas partidárias é a manutenção e a existência do partido como representante de ideias no contexto do pluripartidarismo, do Estado Democrático de Direito e da necessidade de representatividade ideológica.

Se a dinâmica da arrecadação eleitoral for comparada às atividades empresariais, nas quais se destaca a finalidade de lucro, a inferência será que o gasto justifica a receita, ou melhor, o investimento justifica o lucro. Portanto, nessa visão, é o risco que propicia o resultado.

Contudo, na dinâmica eleitoral, a necessidade do gasto eleitoral é o que justifica a arrecadação de recursos, e nunca o contrário.

1.1.3 QUEM PODE ARRECADAR

O ato de arrecadar com finalidade eleitoral pressupõe a ação ordenada de quem pode arrecadar[3]. No caso, a atividade é reservada aos partidos políticos e seus candidatos, sendo os únicos legitimados legais para a prática desses atos. Em outras palavras, os recursos eleitorais só podem ser arrecadados por aqueles que ocupam a condição de candidato e por seus partidos políticos, na condição de legitimados.

Quadro 1.1 – Legitimados para os atos de gestão financeira de recursos eleitorais

Arrecadação
Partido
Pré-candidato (art. 22, parágrafo 4º)
Candidato (art. 1º)
Vice (art. 7º, parágrafo 8º)
Suplente (art. 7º, parágrafo 8º)

*Para os atos de gestão financeira de recursos eleitorais

Fonte: Di Pietra, 2020, p. 20.

Note-se que outros atores podem ocupar a posição do candidato, como o pré-candidato, o vice e o suplente, os quais recebem autorização excepcional em situações previstas na legislação.

Nesse sentido, o pré-candidato recebe autorização atemporal, não podendo, contudo, gastar tais recursos até a aquisição da condição

---

3 Quem pode arrecadar – art. 2º da resolução (Brasil, 2019c).

jurídica de candidato. Além disso, o vice e o suplente podem empreender arrecadação concomitante em nome do candidato majoritário, uma vez que os recibos devem ser emitidos pelo candidato titular.

1.1.4 Tipos de receita (o que é arrecadado): Materialidade

Na visão contábil clássica e até romântica, tecnicamente superada, as receitas equivalem a todos os recursos provenientes da fabricação e da venda de produtos ou de serviços que ingressam no patrimônio da empresa. Hoje, as receitas são benefícios econômicos que fazem aumentar o patrimônio, isto é, são as variações patrimoniais aumentativas.

No caso da contabilidade eleitoral, qual seria, então, o objeto da arrecadação? Doações eleitorais, essa é a resposta mais simples. Entretanto, o termo *arrecadação*, conforme adotado pela norma jurídica, designa todos os tipos de receita possíveis para financiar o gasto eleitoral do candidato, produzindo um patrimônio segregado, dado que, na "pessoa eleitoral", exsurge o patrimônio eleitoral. Assim, recursos eleitorais são arrecadados, ou seja, a materialidade dos atos de arrecadação recai sobre os recursos eleitorais, inclusive as doações.

Os **recursos eleitorais** são os valores destinados diretamente ao financiamento do sufrágio, e não ao partido político, e isso se dá por questões históricas que merecem um estudo à parte.

Na forma da Lei n. 9.504/1997, a necessidade de financiamento do sufrágio é intrínseca a sua finalidade, qual seja, **as despesas da campanha eleitoral**.

> *Art. 17. As **despesas da campanha eleitoral** serão realizadas sob a responsabilidade dos partidos, ou de seus candidatos, e financiadas na forma desta Lei.* (Brasil, 1997, grifo nosso)

Quanto ao conceito de recursos eleitorais:

A resolução eleitoral[4] cita o termo "recursos" sem, contudo, definir o conceito. Assim, podemos definir recurso eleitoral como sendo "a reunião de dinheiros marcados pelo **múnus público eleitoral**, *é o que impõe a necessária segregação de quaisquer outros recursos, sejam: pessoais, doações, partidários ou públicos".* (Di Pietra, 2020, p. 20, grifo do original)

Em razão do **múnus público eleitoral**, há uma expressão maior da **manifestação da vontade** do doador quando o financiamento é feito direta e especificamente ao candidato.

Além disso, importa lembrar que o gestor partidário administra recursos com finalidade eleitoral, em ano eleitoral ou não. Assim ocorre porque os recursos doados ao partido com a finalidade eleitoral permanecem segregados no patrimônio do partido até sua aplicação nas eleições.

O "Capítulo II – Da arrecadação" da resolução eleitoral, em seu art. 15, determina os tipos de receita utilizando para tanto a expressão *origens dos recursos*, assunto a ser exposto na seção que segue.

1.1.5 ORIGENS DOS RECURSOS E FONTES DE FINANCIAMENTO

A fim de criar uma base para nossa explanação, reproduzimos na íntegra o art. 15 da resolução eleitoral, informando que os recursos destinados às campanhas eleitorais somente serão admitidos quando forem provenientes de (Brasil, 2019c):

I. Recursos próprios dos candidatos:
   a) recursos financeiros próprios dos candidatos;
   b) recursos estimáveis próprios dos candidatos.

---

4 *Resolução n. 23.607/2019.*

II. Doações de pessoas físicas:
   a) doações financeiras:
   b) doações estimáveis em dinheiro.
III. Doações de outros partidos políticos.
IV. Doações de outros candidatos.
V. Comercialização de bens e/ou serviços:
   a) comercialização de bens e/ou serviços realizada pelo candidato;
   b) comercialização de bens e/ou serviços realizada pelo partido.
VI. Promoção de eventos de arrecadação:
   a) promoção de eventos de arrecadação realizada diretamente[5] pelo candidato;
   b) promoção de eventos de arrecadação realizada pelo partido político.
VII. Recursos próprios dos partidos políticos:
   a) recursos próprios dos partidos políticos provenientes do Fundo Partidário, de que trata o art. 38 da Lei n. 9.096, de 19 de setembro de 1995 (Brasil, 1995b);
   b) recursos próprios dos partidos políticos provenientes do Fundo Especial de Financiamento de Campanha (FEFC);
   c) recursos eleitorais[6] próprios dos partidos políticos, desde que identificada sua origem, provenientes de doações de pessoas físicas efetuadas aos partidos políticos (a qualquer momento, sendo em ano eleitoral ou não);

---

5   *Em nossa opinião, o termo* diretamente *pressupõe uma exceção à regra, que pode ser interpretada como a realização natural pelo partido.*

6   *Incluímos o termo* eleitorais *para designar a existência de recursos dessa natureza, já segregados, prontos para utilização em campanha pelo fato de indicarem, como característica, o doador originário ou, ainda, a possibilidade de serem convertidos os recursos partidários em recursos eleitorais, exatamente pela identificação do doador originário.*

Alexandre Di Pietra | Raquel Maria Ferro Nogueira

d) recursos próprios dos partidos políticos provenientes de contribuição de seus afiliados;

e) recursos próprios dos partidos políticos provenientes da comercialização de bens e serviços ou da promoção de eventos de arrecadação;

f) recursos próprios dos partidos políticos provenientes de rendimentos decorrentes da locação de bens próprios dos partidos políticos;

g) recursos próprios dos partidos políticos provenientes dos rendimentos gerados pela aplicação de suas disponibilidades:

   i. a) recursos financeiros próprios dos candidatos;

     b) recursos estimáveis próprios dos candidatos.

   ii. a) doações financeiras de pessoas físicas;

     b) doações estimáveis em dinheiro de pessoas físicas.

   iii. a) doações de outros partidos políticos;

     b) doações de outros candidatos.

   iv. a) comercialização de bens e/ou serviços;

     b) promoção de eventos de arrecadação realizados diretamente[7] pelo candidato;

     c) promoção de eventos de arrecadação realizados pelo partido político.

   v. a) recursos próprios dos partidos políticos provenientes do Fundo Partidário, de que trata o art. 38 da Lei n. 9.096/1995;

     b) recursos próprios dos partidos políticos provenientes do Fundo Especial de Financiamento de Campanha (FEFC);

---

7   *Em nossa opinião, o termo* diretamente *pressupõe uma exceção à regra, que pode ser interpretada como a realização natural pelo partido.*

FINANCIAMENTO E GESTÃO FINANCEIRA DE CAMPANHAS ELEITORAIS

c) recursos eleitorais[8] próprios dos partidos políticos, desde que identificada sua origem, provenientes de doações de pessoas físicas efetuadas aos partidos políticos (a qualquer momento, sendo ano eleitoral ou não);

d) recursos próprios dos partidos políticos provenientes de contribuição de seus filiados;

e) recursos próprios dos partidos políticos provenientes da comercialização de bens, serviços ou promoção de eventos de arrecadação;

f) recursos próprios dos partidos políticos provenientes de rendimentos decorrentes da locação de bens próprios dos partidos políticos.

vi. recursos próprios dos partidos políticos provenientes dos rendimentos gerados pela aplicação de suas disponibilidades.

Frisamos que subdividimos os incisos do art. 15 da resolução para evidenciar as **fontes legalmente autorizadas** para o financiamento das campanhas eleitorais.

Entretanto, em uma abordagem sistemática do tema, empreendemos o cruzamento das características comuns desses recursos destinados à eleição, que resulta na construção de um rol contendo **23 possibilidades de arrecadação** para o candidato, conforme o quadro a seguir.

---

8   *Incluímos o termo* eleitorais *para designar a existência de recursos dessa natureza, já segregados, prontos para utilização em campanha pelo fato de indicarem, como característica, o doador originário ou, ainda, a possibilidade de serem convertidos os recursos partidários em recursos eleitorais, exatamente pela identificação do doador originário.*

Alexandre Di Pietra | Raquel Maria Ferro Nogueira

Quadro 1.2 – Classificação das possibilidades de arrecadação eleitoral

Itens	Possibilidades de arrecadação	Incisos do art. 15
1	Autofinanciamento	
2	Autofinanciamento: empréstimos (art. 16)	I
3	Autofinanciamento: doações estimáveis (art. 25, parágrafo 2º)	
4	Doações financeiras: financeiras	II.a
4.1	Financiamento coletivo	II.a.1
5	Doações estimáveis: estimáveis	II.b
6	Doações (outros partidos): financeiras	III.a
7	Doações (outros partidos): estimáveis	
8	Doações (outros candidatos): financeiras	III.b
9	Doações (outros candidatos): estimáveis	
10	Comercialização do candidato: financeiras	IV.a
11	Eventos (candidato): financeiras	IV.b
12	Eventos (partido): financeiras	IV.c
13	Fundo Partidário: financeiras	V.a
14	Fundo Partidário: estimáveis	
15	Fundo especial: financeiras	V.b
16	Fundo especial: estimáveis	
17	Doações partido (próprios/outros): financeiras	V.c
18	Doações partido (próprios/outros): estimáveis	
19	Doações partido (próprios/eleitorais): financeiras (art. 18)	
20	Contribuições: financeiras	V.d
21	Comercialização (partidos): financeiras	V.e
22	Locação partidos: financeiras	V.f
23	Rendimentos candidato: financeiras	VI

Fonte: Elaborado com base em Brasil, 2019c.

Salientamos que a resolução deixou de mencionar algumas possibilidades de arrecadação, as quais acrescentamos ao Quadro 1.2 em razão do cruzamento das fontes (art. 15, base desta análise), com os meios de arrecadação (art. 21), bem como as formas de arrecadação (arts. 22-30). A criação de um quadro contendo as possibilidades de arrecadação eleitoral visa facilitar a tarefa de classificação objetiva das origens ou dos tipos de receita. Afinal, todo recurso arrecadado pelo candidato deve corresponder a uma dessas possibilidades.

Tal correspondência pode ser considerada uma **condição de utilização**. A ausência de identidade entre o tipo permitido pela legislação (quadro) e a materialidade da arrecadação descrita por sua origem/fonte é uma irregularidade denominada *recursos de fonte vedada* (RFV), conforme o art. 31 da resolução.

Dessa forma, no art. 15, define-se indiretamente uma classificação para a aceitação ou não dos recursos eleitorais, permitindo a criação desse conjunto ampliado de fontes ou de origens, nas formas permitidas pela lei e regulamentadas pela resolução.

(1.2)
CLASSIFICAÇÃO DAS POSSIBILIDADES DE ARRECADAÇÃO ELEITORAL

A seguir, comentaremos os itens do Quadro 1.2, a fim de detalhar e desdobrar os incisos do art. 15.

1.2.1 PELO AUTOFINANCIAMENTO (ITEM 1)

O autofinanciamento é previsto no art. 23, parágrafo 2º-A, da Lei 9.504/1997, e ocorre pela utilização de **recursos próprios e privados**, advindos do patrimônio pessoal do candidato e havido em sua vida civil até a data do pedido de registro de candidatura.

A limitação para o autofinanciamento foi inserida recentemente pelo parágrafo primeiro do art. 27 da resolução, porém, essa regra, em nada se assemelha ao limite de doação da pessoa física previsto no *caput* desse mesmo artigo.

O limite de autofinaciamento guarda relação com o teto de gastos conforme cargo ao qual o candidato disputa.

> *Art. 27. [...]*
>
> *§ 1º A candidata ou o candidato poderá usar recursos próprios em sua campanha até o total de 10% (dez por cento) dos limites previstos para gastos de campanha no cargo em que concorrer (Lei nº 9.504/1997, art. 23, § 2º-A).* (Brasil, 2019c)

A norma eleitoral veda também a aplicação indireta de recursos próprios por meio da doação advinda de pessoa interposta, ou seja, quando recursos próprios são distribuídos a terceiros a fim de se obter retorno por financiamento eleitoral, de modo que se burle o limite de autofinanciamento.

A *pessoa interposta* é uma terceira pessoa, normalmente sem capacidade econômica, que surge entre o verdadeiro detentor de recursos e a campanha beneficiária; no caso, o detentor é o próprio candidato.

1.2.2 Pela possibilidade de o candidato se autofinanciar socorrendo-se de empréstimos civis (item 2)

Os recursos próprios dos partidos e dos candidatos podem ser obtidos mediante operação de empréstimo, conforme o art. 16, em instituições autorizadas pelo Banco Central do Brasil (Bacen). Dos candidatos, são exigidos dois requisitos cumulativos, mediante:

- **caução**, isto é, o patrimônio do próprio candidato é dado como garantia da dívida;
- **capacidade de pagamento**, sendo que o valor da parcela não pode afetar os gastos normais do candidato.

Sob pena de ser qualificada como Recursos de Origem Não Identificada (Roni), a operação bancária deve ser legal e comprovada por documentação idônea. A comprovação não afasta eventual necessidade de se demonstrar a origem dos recursos utilizados para o pagamento das parcelas.

O inciso II do parágrafo 1º do art 16 aponta para a quitação integral em relação à aplicação em campanha, o que, na prática, não se verifica. Entretanto, tal dispositivo pode ser interpretado de forma mais ampla: os candidatos devem demonstrar a quitação (total/integral) das parcelas vencidas até a entrega das contas.

A não comprovação da origem dos recursos utilizados no pagamento das parcelas é causa objetiva de rejeição das contas.

Art. 16. [...]

*§ 2º A autoridade judicial pode determinar que o candidato ou o partido político **identifique a origem dos recursos utilizados para a quitação**, sob pena de serem os recursos considerados de origem não identificada.*
(Brasil, 2019c, grifo nosso)

1.2.3 PELA POSSIBILIDADE DE O CANDIDATO SE AUTOFINANCIAR (ART. 25, § 2º), SOCORRENDO-SE DE BENS PRÓPRIOS QUE INTEGRAVAM SEU PATRIMÔNIO ANTES DO REGISTRO DA CANDIDATURA (ITEM 3)

Deve haver um controle dos bens acrescidos ao patrimônio da pessoa física do candidato, em sua declaração de bens. A norma eleitoral (art. 25, § 2°) recorre à inteligência fiscal, prevendo busca de informações relativas ao Imposto sobre a Renda da Pessoa Física (IRPF), disponíveis na administração fazendária da União.

A norma exige que os bens utilizados em campanha (doação estimável) tenham sido informados na declaração do referido imposto, que registra a posição econômica em 31 de dezembro do ano anterior à eleição. Entretanto, eventual acréscimo patrimonial ocorrido após essa data deverá ser declarado diretamente à Justiça Eleitoral por ocasião do registro da candidatura.

1.2.4 DOAÇÕES FINANCEIRAS DE PESSOAS FÍSICAS: DOADORES (ITEM 4)

A doação financeira é a mais emblemática. A arrecadação por doação financeira sempre tem como fonte e procedência a riqueza de uma pessoa física, denominada *doadora*, que é a verdadeira origem dos recursos.

A ressalva que deve ser feita é quando a fonte é o próprio patrimônio eleitoral, como no caso dos rendimentos de aplicação financeira ou das alienações (art. 15, inciso VI e § 1°).

Há um **limite de doação** individual para os recursos financeiros de pessoas físicas, da ordem de 10% dos rendimentos brutos auferidos no ano anterior ao da eleição, limitando-se, na origem, pelo somatório dos atos de doação.

Os recursos financeiros arrecadados de pessoas físicas verterão para a conta bancária da campanha do candidato.

1.2.5 Financiamento coletivo (item 4.1)

Em linhas gerais, é situação de arrecadação idêntica à doação financeira de pessoa física (art. 21, § 1º; art. 22, §§ 6º e 7º), visto que os recursos financeiros são arrecadados de pessoas físicas, sujeitos ao mesmo limite, e verterão para a mesma conta bancária da campanha do candidato (art. 22, § 4º).

O que ocorre é uma antecipação, mas que perdura até o dia da eleição, se for por meio de cartão de crédito ou de débito (art. 26, § 1º). Se for por outro mecanismo, tem duração até a prestação de contas.

O pré-candidato é autorizado a arrecadar a partir do dia 15 de maio do ano eleitoral, porém em condições especiais, quais sejam:

- a arrecadação é antecipada, mas também se seguirá durante a campanha;
- o valor fica retido em conta bancária até o início da campanha;
- os valores serão devolvidos se for indeferido o registro da candidatura (art. 22, § 5º);
- a doação não é dispensada do **recibo de comprovação**;
- o recibo civil segue o padrão, com a mensagem do limite de doação;
- o recibo deve conter a Razão Social e o Cadastro Nacional de Pessoa Jurídica (CNPJ) do financiamento coletivo;
- o recibo eleitoral é dispensado de assinatura;
- o registro contábil deve ser pelo valor bruto, evidenciando a taxa como despesa eleitoral;
- o partido pode operar o financiamento coletivo (art. 24).

1.2.6 LIMITE DE DOAÇÃO

As doações financeiras realizadas por pessoas físicas (art. 27) são limitadas a 10% (dez por cento) dos rendimentos brutos[9] auferidos pelo doador no ano-calendário anterior à eleição (Lei n. 9.504/1997, art. 23, § 1º). No caso de doador dispensado da Declaração de Imposto de Renda de Pessoa Física (DIRPF), aplica-se como rendimento bruto o valor do limite de isenção previsto para o exercício financeiro do ano da eleição, como base de cálculo para as doações (art. 27, § 8º).

O que ultrapassar o limite de doação fica sujeito ao pagamento de multa no valor de até 100% da **doação em excesso** (art. 27, § 4º), ou seja, para uma doação que ultrapassou o limite em R$ 500,00 (quinhentos reais), a multa aplicável poderá ser de igual valor.

O candidato poderá responder por **abuso do poder econômico**, nos termos do art. 22 da Lei Complementar n. 64, de 18 de maio de 1990 (Brasil, 1990) e art. 23, parágrafo 3º, da Lei n. 9.504/1997.

1.2.7 PELA POSSIBILIDADE DAS DOAÇÕES ESTIMÁVEIS (ITEM 5)

A doação estimável é a outra espécie do gênero doação (art. 15, inciso II, alínea "b", e art. 27, § 3º). É assim classificada a doação de **natureza não financeira**, ou seja, a doação de **natureza econômica**.

---

9   *Note-se que a regra eleitoral não se confunde com a legislação tributária; a norma apenas buscou o referido parâmetro – rendimentos lícitos declarados – nas informações disponíveis já conhecidas pela inteligência fiscal-tributária disponíveis na União.*

Sua principal característica é não transitar pela conta bancária, seguida da necessidade de "valoração contábil" ou estimativa de seu valor econômico. Tais fatos não diminuem sua importância e não relativizam as regras aplicáveis.

No caso das doações econômicas "estimáveis", afasta-se o limite de 10% de doação relativo às doações financeiras e se estabelece outro limite.

As doações estimáveis em dinheiro estão limitadas a R$ 40.000,00 (quarenta mil reais), por doador[10] ou por Cadastro de Pessoa Física (CPF). Esse valor é fixo, isto é, não depende da evolução patrimonial ou da capacidade econômica do doador. Entretanto, se for superado esse limite, o excedente será imputado àquela regra dos 10% relativos às doações financeiras.

Além disso, em razão da restrição às doações interpostas indiretamente, obriga-se o doador estimável a fazer a prova da titularidade dos bens doados, e isso tem sido motivo de diligências. Doações interpostas foram proibidas por várias razões, entre elas o uso de bens de pessoas jurídicas.

1.2.8 Apuração do limite de doações

O limite de doações é anual e verificado de forma conjunta pelo Tribunal Superior Eleitoral (TSE) e pela Receita Federal do Brasil

---

10 Lei n. 9.504/1997, art. 23, parágrafo 7º: "O limite previsto no § 1º deste artigo não se aplica a doações estimáveis em dinheiro relativas à utilização de bens móveis ou imóveis de propriedade do doador ou à prestação de serviços próprios, desde que o valor estimado não ultrapasse R$ 40.000,00 (quarenta mil reais) por doador" (Brasil, 1997).

Alexandre Di Pietra | Raquel Maria Ferro Nogueira

(RFB) – art. 27, parágrafos 5º, 6º e 7º da resolução[11]. Os parágrafos do art. 27 reunidos apresentam o procedimento a ser aplicado nessa tarefa de verificação (Brasil, 2019c).

Não obstante o procedimento de **verificação do excesso**, se surgirem fundadas suspeitas de que determinado doador extrapolou o limite de doação, a autoridade judicial, de ofício ou a requerimento do Ministério Público, poderá determinar, em decisão fundamentada, a aplicação da antecipação dos efeitos do "batimento anual" previstos

---

11 *"Art. 27. [...]*

§ 5º O limite de doação será apurado anualmente (TSE/RFB) seguintes procedimentos:

I – o Tribunal Superior Eleitoral consolidará as informações sobre as doações registradas até 31/12 do ano eleitoral (Lei nº 9.504/1997, art. 24-C, § 1º):

a) as prestações de contas anuais dos partidos políticos entregues até 30 de junho do ano subsequente ao da apuração;

b) as prestações de contas eleitorais apresentadas pelas candidatas ou pelos candidatos e pelos partidos políticos em relação à eleição;

II – após a consolidação das informações sobre os valores doados e apurados, o Tribunal Superior Eleitoral as encaminhará à Secretaria da Receita Federal do Brasil até 30 de maio do ano seguinte ao da apuração (Lei nº 9.504/1997, art. 24-C, § 2º);

III – a Secretaria da Receita Federal do Brasil fará o cruzamento dos valores doados com os rendimentos da pessoa física e, apurando indício de excesso, comunicará o fato, até 30 de julho do ano seguinte ao ano eleitoral, ao Ministério Público, que poderá, até 31 de dezembro do mesmo ano, apresentar representação com vistas à aplicação da penalidade prevista no § 4º deste artigo e de outras sanções que julgar cabíveis (Lei nº 9.504/1997, art. 24-C, § 3º);

*IV – o Ministério Público poderá apresentar **representação** com vistas à aplicação da penalidade prevista no § 3º do art. 23 da Lei nº 9.504/1997 e de outras sanções que julgar cabíveis, ocasião em que poderá solicitar à autoridade judicial competente a quebra do sigilo fiscal do doador e, se for o caso, do beneficiado.*

*§ 6º A comunicação a que se refere o inciso III do § 5º deste artigo se restringe à identificação nominal, seguida do respectivo número de inscrição no CPF, Município e UF fiscal do domicílio do doador, **resguardado o sigilo dos rendimentos da pessoa física e do possível excesso apurado.***

§ 7º Para os Municípios com mais de uma zona eleitoral, a comunicação a que se refere o inciso III do § 5º deste artigo deve incluir também a zona eleitoral correspondente ao domicílio do doador" (Brasil, 2019c, grifo nosso).

no parágrafo 5º, a ser aplicado individualmente em casos isolados, com o objetivo de subsidiar as ações cabíveis.

Em caso de **excesso de doação** da pessoa física, deve-se certificar de que suas informações fiscais estão corretamente declaradas. Se houver erros ou omissões, é possível retificá-los corrigindo a base de cálculo do referido limite de 10% (art. 27, § 9º). Eis aí a importância da assessoria do profissional de contabilidade para aqueles que pretendem realizar doações eleitorais.

1.2.9 PELA POSSIBILIDADE DE RECEBER DOAÇÕES DE OUTROS PARTIDOS E DE OUTROS CANDIDATOS

Partidos podem doar recursos eleitorais: financeiros e não financeiros. A **doação financeira** (itens 6 e 8) dos partidos é proveniente dos recursos eleitorais arrecadados com essa finalidade, principalmente fora do período eleitoral, bem como as contribuições de filiados, cuja aplicação é autorizada (art. 18). São as chamadas *transferências-doações* (art. 29, § 3º). As **transferências-doações**, para serem válidas, devem conter os dados dos **doadores originários** (Brasil, 2019c).

Essas doações ocorrem quando o recurso financeiro transitar por outros patrimônios (CNPJ), seja de outros candidatos, seja do partido do candidato (item V) ou de outros partidos (item III).

Doador originário é o nome técnico adotado pela lei para impor que as doações sejam registradas de modo que se mantenha evidenciado o CPF da doação original.

1.2.10 DOAÇÃO ESTIMÁVEL (ITENS 7 E 9)

As doações também podem provir de outros partidos e de outros candidatos, na forma **estimável,** e são denominadas **transferências-estimáveis** – (art. 25, § 3º).

Isso porque, nesse caso, o que se transfere ao candidato é o benefício econômico existente em razão do gasto eleitoral realizado pelo partido. Disso decorre a ideia de doação da parcela que beneficia o candidato, e, portanto, as transferências-doações são computadas no limite de gastos (art. 5º, inciso III).

Frisamos que há ainda uma exceção: os partidos e os candidatos podem doar, entre si, bens e serviços estimáveis, ainda que não sejam de sua propriedade ou lavra, o que é proibido ao doador pessoa física. Essa regra é admitida apenas para a finalidade eleitoral; portanto, é vedado ao gestor da campanha beneficiar as estruturas partidárias eventualmente envolvidas (art. 25, § 4º).

Os **gastos partidários** durante a campanha devem seguir sua rotina ordinária e serão objeto de registro nas contas anuais. Os **gastos eleitorais** do partido serão objeto de registro e de prestação de contas eleitorais e terão reflexos segregados nas contas anuais.

1.2.11 DOAÇÃO DO PARTIDO DO CANDIDATO (ITEM 18)

Há uma regra especial para doação do **partido do candidato** na circunscrição do pleito. Ela ocorre quando o partido está realizando gastos ou transferindo recursos para a campanha. São as modalidades de transferências-financeiras (art. 29, § 3º) e as transferências-estimáveis (art. 25, § 3º)[12], estas precedidas do gasto eleitoral em benefício de **seu candidato**, que já ocorreu e foi contabilizado nas contas do partido (Brasil, 2019c).

Nesse caso, o candidato poderá devolver os recursos ao **seu partido**, sem que tais valores (saídas do candidato) sejam considerados

---

12 *Em outro estudo, adotamos o nome* transferência-doação *para tratar da mesma operação. Melhor se acomodam as denominações* transferência-financeira *e* transferência-estimável.

gastos eleitorais e sem que sejam computados no limite de gastos (art. 5º, parágrafo único). Se a devolução for maior do que os gastos do partido o excedente será um gasto eleitoral (art.5º, inciso II).

1.2.12 EMPREENDIMENTOS (ITENS 10 A 12)

Os empreendimentos são as ações promovidas por candidatos e partidos (art. 30), conforme as situações previstas no inciso IV do art. 15, e trata-se da comercialização, da prestação de serviços ou da produção de eventos (Brasil, 2019c).

Quando um candidato ou um partido realizar um evento, na forma do inciso IV, os recursos obtidos serão considerados doações eleitorais. Em razão disso, o adquirente, que deve ser uma pessoa física, realizará uma doação de campanha e deve ser avisado disso, de todas as maneiras possíveis, inclusive no recibo, se obrigatório.

Essas ações são **empreendidas** utilizando-se recursos já arrecadados, disponíveis no caixa. A ideia é gerar mais caixa, investindo nela.

Na escrituração, devem ser seguidas as regras de segregação e de evidenciação das informações. Dentre elas, está a necessidade de identificação do doador (comprador/consumidor) com a finalidade de permitir que a justiça eleitoral fiscalize o limite de doação de cada doador.

1.2.13 RECURSOS PÚBLICOS (ITENS 13 A 16)

Os recursos públicos têm sua origem no orçamento público da União e são submetidos a regras do direito financeiro para sua distribuição e aplicação. Os fundos de financiamento público devem ser criados por leis que declarem sua finalidade – o Fundo Partidário (art. 19) e o Fundo Eleitoral (art. 17).

O Fundo Especial de Financiamento de Campanha (FEFC) é mais recente e foi criado para a finalidade eleitoral. Por sua vez, o Fundo Partidário (FP) recebe excepcional autorização para uso em campanha, inclusive dos recursos recebidos em anos anteriores (art. 18, § 3º). No Quadro 1.3, a seguir, demonstramos as semelhanças normativas entre os dois fundos, regulamentadas em dispositivos diferentes.

Quadro 1.3 – Comparativo entre FEFC e FP: identidade de conteúdo normativo

Assunto (item)	Fundo Eleitoral (FEFC) art. 17	Fundo Partidário (FP) art. 19
1. Candidaturas femininas	Parágrafos 4º e 5º	Parágrafo 3º
2. Gasto lícito: despesas comuns com candidatos do gênero masculino e cota parte de despesas coletivas	Parágrafo 7º	Parágrafo 6º
3. Gasto ilícito: campanha gênero exclusivamente masculino	Parágrafo 6º	Parágrafo 5º
4. O gasto é ilícito se não for a mesma coligação (coligados) dentro ou fora da circunscrição do pleito	Parágrafo 2º	Parágrafo 7º
5. Desvio de finalidade	Parágrafo 8º	Parágrafo 8º
6. Pena de devolução	Parágrafo 9º	Parágrafo 9º

Tomando como base esse quadro, destacamos as semelhanças em relação à reserva de recursos e à ilicitude na aplicação:

- Reserva de no mínimo de 30% dos recursos para candidaturas femininas.
- Permissão para a aplicação em benefício ou interesse das campanhas femininas ou em benefício das campanhas de pessoas negras, ainda que em despesas coletivas e ainda que em gastos comuns com as campanhas masculinas.

FINANCIAMENTO E GESTÃO FINANCEIRA DE CAMPANHAS ELEITORAIS

- Proibição de gasto em benefício apenas das campanhas masculinas.
- Proibição de gasto fora da coligação na circunscrição, ou não.
- Desvio de finalidade – aplica-se o art. 30-A da Lei n. 9.504/1997 para apurar ilícitos eleitorais pelo descumprimento das regras dos itens 1 a 4 do quadro.
- Pena cumulativa de devolução ao Tesouro pela aplicação irregular dos recursos com o descumprimento das regras dos itens 1 a 4 do quadro.

1.2.14 REGRAS DE UTILIZAÇÃO E DE ESCRITURAÇÃO

A resolução é didática quanto às **regras de utilização e de escrituração** do Fundo Partidário (art. 19). Nesse sentido, aplicam-se as disposições contidas nos arts. 18 e 20 no que couber. O mesmo não ocorre com o Fundo Eleitoral; entretanto, aplicam-se as mesmas regras por semelhança e lógica[13].

Assim, os recursos do Fundo Partidário serão aplicados mediante **transferência** bancária ou **pagamento individualizável**, e serão escriturados e evidenciados nas contas anuais (PCA), informando-se a **origem dos recursos** e suas **transferências** (art. 19, § 2º) e nas contas eleitorais favorecendo a identificação dos destinatários ou dos beneficiários.

---

13 *Registra-se no parágrafo 7º do art. 17 a possibilidade de devolução da cota-parte da transferência-doação, cujo gasto foi realizado pelo partido (pagamento individualizável), ou seja, quando houve uma aplicação direta pelo partido. Por outro lado, a transferência-financeira é subentendia.*

Alexandre Di Pietra | Raquel Maria Ferro Nogueira

Esses recursos são entregues aos diretórios nacionais dos partidos para sua distribuição[14], os quais aplicam critérios próprios (internos), em razão da autonomia outorgada pela Constituição Federal (Brasil, 1998).

Essa distribuição pode ser realizada **diretamente ao candidato**, por meio de **transferências financeiras** realizadas por qualquer uma das esferas, federal, estadual ou municipal, de cada partido, ou **indiretamente ao candidato**, por meio de aplicação (pagamento individualizável), situação em que o partido realiza o gasto e depois transfere o valor equivalente, na modalidade de **transferência estimável**.

Note-se que, nas operações com recursos públicos, ocorre exatamente o mesmo modelo das situações de transferências de recursos privados.

1.2.15 REGRA DE DEVOLUÇÃO DE SALDOS

Com relação ao FEFC, há a **regra de devolução de saldos**. Na ausência de candidatura ou caso haja eventuais saldos não utilizados na campanha, os valores recebidos serão devolvidos à origem. O FEFC será devolvido ao Tesouro Nacional (art. 17, §§ 1º e 3º) e o Fundo Partidário será devolvido ao partido na circunscrição do pleito.

Sobre os **limites de gastos**, a utilização de recursos públicos está sujeita às mesmas regras dos recursos privados, ou seja, ao teto de gastos. O limite objetivo existente é de utilização pelo candidato. Esse limite de gasto ou teto de campanha afeta por igual a todos os candidatos, sendo limitado em sua aplicação pelo somatório dos gastos.

Além disso, acrescenta-se à gestão a necessidade de controle das reservas de aplicação mínima relativas ao gênero (30%) e à pessoa

---

14 Lei n. 9.504/1997, art. 16-C, § 2º: esse artigo traz a regra de distribuição do Tesouro para o Banco do Brasil, para o TSE e para os partidos (Brasil, 1997).

negra (10%). A aplicação mínima é apurada pela materialidade do gasto[15].

Conforme visto até aqui, o desafio para a prática dos atos em matéria financeira pode ser resumido na necessidade de (re)conhecimento das possibilidades legais para a arrecadação de recursos eleitorais – em uma visão de inclusão – positiva.

Entretanto, tais possibilidades legais se complementam – em uma visão de exclusão – negativa, em que há a necessidade de se **reconhecerem** também as **vedações legais**, como a proibição de arrecadação de recursos de pessoas jurídicas (art. 15, § 2º), entre outros. Tal raciocínio é necessário à aceitação dos recursos como receita no patrimônio segregado dos candidatos e partidos, como explicitaremos a seguir.

(1.3)
RECURSOS VEDADOS: RFV E RONI

Nesta seção, versaremos sobre as **vedações legais na arrecadação** de recursos eleitorais, denominadas *Recursos de Fontes Vedadas* (RFV) e *Recursos de Origem Não Identificada* (Roni).

1.3.1 CARACTERÍSTICAS COMUNS: PROIBIÇÃO DE UTILIZAÇÃO

Em tais casos, a proibição é quanto à utilização de recursos financeiros ou de benefícios econômicos advindos dessas fontes e cuja consequência é a desaprovação das contas.

Na dinâmica das campanhas eleitorais, nenhum candidato está livre da ocorrência de eventual arrecadação de recursos de fontes

---

15   *É algo semelhante ao que ocorre no direito financeiro ante gastos públicos mínimos obrigatórios com saúde e educação, apurados em auditoria.*

vedadas. Entretanto, o candidato probo, ao ver-se envolvido nessa questão, diligentemente deverá aplicar a **solução prescrita na lei**. Incumbe ao prestador aferir a licitude dos recursos que financiam sua campanha. Somente em razão de eventual responsabilidade contratualmente assumida o profissional da contabilidade procederá a essa verificação, por estar fora do escopo do registro contábil.

Isso porque a simples presença, na conta bancária específica, dos recursos de fontes vedadas não enseja a desaprovação das contas, posto que seu mister foi alcançado, qual seja, o de dar conhecimento da origem dos recursos.

1.3.2 Solução prescrita na lei: devolução ou transferência

O art. 79 da resolução é claro quando autoriza o julgador a proceder à determinação da **devolução** ou da **transferência** no plano das consequências, sem que isso seja causa objetiva de desaprovação; muito pelo contrário, o referido artigo acena para a aprovação das contas com ressalva.

> *Art. 79. A aprovação com ressalvas da prestação de contas não obsta que seja determinada a devolução dos recursos recebidos de fonte vedada ou a sua transferência para a conta única do Tesouro Nacional, assim como dos recursos de origem não identificada, na forma prevista nos arts. 31 e 32 desta Resolução.* (Brasil, 2019c)

Se não for comprovada a **devolução** ou a **transferência** até a decisão, a Justiça Eleitoral poderá determinar o prazo de cinco dias, contados do transito em julgado, para a ultimação das providencias, **sob pena de encaminhamento dos autos à representação** estadual ou municipal da Advocacia-Geral da União (AGU) para fins de

cobrança (art. 31, § 10; art. 32, § 2º), tendo como fato gerador o ilícito eleitoral fundamentado no benefício econômico verificado em razão do dever de não utilização de recursos de fonte ilícita.

A devolução, a transferência ou, ainda, sua determinação judicial não impede a **desaprovação das contas**, quando for constatado que o candidato se beneficiou dos recursos ilícitos recebidos (art. 31, § 9º; art. 32, § 7º), dando causa também à apuração do fato na forma do art. 30-A da Lei n. 9.504/1997, do art. 22 da Lei Complementar n. 64/1990 e do art. 14, parágrafo 10, da Constituição da República (Brasil, 1998).

> *Art. 32. [...]*
>
> *§ 7º A devolução ou a determinação de devolução de recursos recebidos de origem não identificada não impede, se for o caso, a desaprovação das contas, quando constatado que o candidato se beneficiou, ainda que temporariamente, dos recursos ilícitos recebidos, assim como a apuração do fato na forma do art. 30-A da Lei nº 9.504/1997, do art. 22 da Lei Complementar nº 64/1990 e do art. 14, § 10, da Constituição da República.* (Brasil, 2019c)

1.3.3 Atualização monetária e juros moratórios

Haverá atualização monetária e juros moratórios nos casos em que verificou-se a permanência de recursos vedados ou de origem não identificada na conta do beneficiário, desde o fato gerador (recebimento) até o efetivo recolhimento, calculados com base na taxa aplicável aos créditos da Fazenda Pública – RFV (art. 31, § 5º) e Roni (art. 32, § 3º).

Por ocasião da decisão judicial, a autoridade poderá dispor de forma diversa, dispensando a atualização monetária e/ou os juros moratórios.

A espontânea e imediata devolução ou a transferência dos recursos de RFV (art. 31, § 6º) e Roni (art. 32, § 4º) ao doador ou ao Tesouro Nacional, respectivamente, sem deles se utilizar, afasta a aplicação de atualização monetária e de juros moratórios previstos na resolução.

1.3.4 SOLIDARIEDADE NA TRANSFERÊNCIA-DOAÇÃO: OUTROS PARTIDOS E CANDIDATOS

Trata-se de uma operação de transferência de recursos ilícitos (RFV e Roni), realizada pelo **donatário** e recebida pelo **beneficiário**, respectivamente, que não isenta o primeiro das obrigações a ele impostas; da mesma forma, responderá o segundo (art. 31, §§ 7º e 8º).

É tarefa do julgador a **valoração da solidariedade** a ser aplicada ao beneficiário em razão das consequências de maior ou de menor gravidade em relação ao impacto na regularidade das contas.

- **Penas cominadas** – A principal pena cominada é a **desaprovação das contas** em ambos os casos de utilização de recursos ilícitos, sejam RFV, sejam Roni, se for constatado que o candidato se beneficiou, ainda que temporariamente, desse tipo de recurso. De forma independente dessa pena, há a obrigação de entrega de recursos tidos como ilícitos à Secretaria do Tesouro Nacional (STN) ou ao Fundo Partidário (devolução eleitoral).
- **Devolução administrativa** – Não se trata exatamente de devolução administrativa porque esses recursos são oriundos de **fontes privadas** e não têm origem no orçamento. Dessa forma, nos casos

de RFV e de Roni, a transferência (**entrega**) ao Tesouro é feita por meio de Guia de Recolhimento da União (GRU), direcionando tais recursos como receitas que compõem o Fundo Partidário.

1.3.5 Recursos de Fontes Vedadas (RFV)

Essa categoria equivale à vedação ao partido político e ao candidato de receber, direta ou indiretamente, doação em dinheiro ou estimável em dinheiro, inclusive por meio de publicidade de qualquer espécie, procedente de pessoas jurídicas, origem estrangeira ou pessoa física permissionária de serviço público (art. 31).

Doação de recursos de empresas
A Ação Direta de Inconstitucionalidade (ADI) n. 4.650, de 17 de setembro de 2015 (Brasil, 2015c), afastou o uso das doações de pessoas jurídicas (empresas). Dessa forma, a resolução acompanha essa proibição de utilização de recursos de pessoas jurídicas (art. 31, inciso I).

Procedência estrangeira
Nesse caso, a vedação é quanto à **procedência estrangeira dos recursos**, e não quanto à **nacionalidade** do doador ou, ainda, quanto ao local de origem da realização da operação (art. 31, inciso II e § 1º).

Dessa forma, poderá haver, na conta bancária, as seguintes operações: transferência de doador brasileiro situado no estrangeiro; transferência de doador não brasileiro, mas com CPF, sendo o recurso nacional ou nacionalizado; transferência de doador não brasileiro, mas com CPF, não sendo o recurso nacional, ou seja, não foi auferido no Brasil e não tem origem na economia brasileira, logo, é estrangeiro.

Permissionário

A resolução eleitoral tipifica a doação eleitoral de permissionário como fonte vedada (art. 31, inciso III).

O **permissionário** é a pessoa física que recebeu do Poder Público a autorização para a prestação de determinado serviço público. **Permissão** é ato administrativo discricionário e precário mediante o qual é consentida ao particular alguma conduta em que exista interesse predominante da coletividade.

Salientamos que o permissionário pode ser o candidato e, nessa condição, pode aplicar recursos próprios (art. 31, § 2º). O autofinaciamento é limitado em até 10% do total de gastos eleitorais da campanha na forma disciplinada no art. 27, parágrafo 1º.

Na letra da lei

A Lei n. 8.987, de 13 de fevereiro de 1995 (Brasil, 1995a, grifo nosso), define:

Art. 2º [...]

*IV – permissão de serviço público: a delegação, **a título precário**, **mediante licitação**, da prestação de serviços públicos, feita pelo poder concedente **à pessoa física ou jurídica** que demonstre capacidade para seu desempenho, por sua conta e risco.*

Na permissão, o interesse é predominantemente **público**, em razão do uso de espaço ou *área pública como elemento obrigatório*. Ato unilateral, discricionário, precário, mas **com licitação** (qualquer modalidade), formalizada por **contrato de adesão** (art. 40 da Lei n. 8.987/1995), cujo prazo é indeterminado, mas pode ser revogado a qualquer tempo **sem o dever de indenizar.**

O TSE divulgará a **lista de permissionários** encaminhada pelos diversos órgãos públicos, porém a ausência do nome do doador na referida lista não exime a responsabilidade do beneficiário, ou seja, a lista não é exaustiva, o que torna delicada a relação existente entre o doador e o beneficiário (art. 31, § 11).

1.3.5.1 *Regra 1: devolução ao doador*

Se houver, na conta bancária do candidato ou do partido, algum recurso recebido oriundo de fontes vedadas, ele deverá ser **imediatamente devolvido ao doador**, posto que é ilícito ao candidato ou ao partido se beneficiar com sua utilização ou permanência em aplicação financeira (art. 31, § 3º).

A regra de devolução impõe urgência ao determinar que a devolução seja realizada imediatamente, a fim de evitar que a permanência do recurso beneficie, ainda que temporariamente, o candidato.

1.3.5.2 *Regra 2: entrega ao Tesouro Nacional*

Na impossibilidade técnica de devolução ao doador, haverá **imediata transferência** do recurso ilícito ao Tesouro Nacional, por meio de GRU (art. 31, § 4º).

O fato gerador do ilícito eleitoral se constitui em razão da proibição expressa quanto à utilização e à permanência de recursos oriundos de fontes vedadas, sem deles se utilizar, dando origem à **obrigação de transferência** ao Tesouro.

1.3.6 RONI (ART. 32)

Foi bem-sucedida a resolução ao apresentar, em primeiro lugar, as regras relativas às fontes vedadas, conforme expusemos na seção anterior, visto que a "Regra 2: entrega ao Tesouro Nacional" (art. 31, § 4º) muito se assemelha às normas relativas aos Roni ora estudados.

> *Art. 32. Os recursos de origem não identificada não podem ser utilizados por partidos políticos e candidatos e devem ser transferidos ao Tesouro Nacional por meio de Guia de Recolhimento da União (GRU).* (Brasil, 2019c)

As normas eleitorais impõem como ilícitos os casos de impossibilidade técnica de se identificar a origem da doação, elencados objetivamente no parágrafo primeiro do art. 32, e haverá a entrega do **recurso ilícito** ao Tesouro Nacional.

O fato gerador do ilícito eleitoral se constitui em razão da proibição expressa quanto à utilização de recursos de origem não identificadas, fazendo surgir a **obrigação de entrega** (transferência) ao Tesouro.

1.3.7 IMPOSSIBILIDADE TÉCNICA DE SE IDENTIFICAR A ORIGEM DA DOAÇÃO

Caracterizam-se como Roni (art. 32, § 1º) os recursos arrecadados com as causas formais de impossibilidade técnica de se identificar a origem da doação mostradas no quadro a seguir.

Quadro 1.4 – Recursos de Origem Não Identificada (Roni)

I – a falta ou a identificação incorreta do doador;
II – a falta de identificação do doador originário nas doações financeiras recebidas de outros candidatos ou partidos políticos;
III – a informação de número de inscrição inválida no CPF do doador pessoa física ou no CNPJ quando o doador for candidato ou partido político;

(continua)

(Quadro 1.4 – conclusão)

IV – as doações recebidas em desacordo com o disposto no art. 21, § 1º, desta Resolução quando impossibilitada a devolução ao doador;
V – as doações recebidas sem a identificação do número de inscrição no CPF/CNPJ no extrato eletrônico ou em documento bancário;
VI – os recursos financeiros que não provenham das contas específicas de que tratam os arts. 8º e 9º desta Resolução;
VII – doações recebidas de pessoas físicas com situação cadastral na Secretaria da Receita Federal do Brasil que impossibilitem a identificação da origem real do doador; e/ou
VIII – recursos utilizados para quitação de empréstimos cuja origem não seja comprovada.

Fonte: Brasil, 2019c, grifo nosso.

1.3.8 Direito de devolução ou retificação (art. 32, §§ 5º e 6º)

Somente na impossibilidade da superação do entrave descrito no item III, os valores serão entregues ao Tesouro Nacional: "a informação de número de inscrição inválida no CPF do doador pessoa física ou no CNPJ quando o doador for candidato ou partido político" (Brasil, 2019c).

A resolução permite a tentativa de superação das causas de impossibilidade técnica nos casos do item III, que, na prática é o caso da **transferência-doação financeira entre patrimônios eleitorais de candidatos e partidos** pela retificação da doação, ou ainda, oferece a escolha de devolvê-la ao doador se houver liame objetivo que possibilite sua identificação.

Art. 32. [...]

§ 5º A candidata ou o candidato ou o partido político pode retificar a doação, registrando-a no SPCE [Sistema de Prestação de Contas Eleitorais], ou devolvê-la ao doador quando a não identificação decorra do erro de identificação de que trata o inciso III do § 1º deste artigo e haja elementos suficientes para identificar a origem da doação.

§ 6º Não sendo possível a retificação ou a devolução de que trata o § 5º, o valor deverá ser imediatamente recolhido ao Tesouro Nacional.

Síntese

Objetivando esgotar as possibilidades legais de obtenção de recursos para o financiamento da eleição, neste capítulo, reunimos todas as formas (meios) e fontes de arrecadação, produzindo um quadro sintético sobre *situações de arrecadação*. O desafio para a prática dos atos em matéria financeira pode ser resumido na necessidade de reconhecimento dessas possibilidades legais.

Apresentamos, também, as vedações como informação oposta, ou seja, situações pontuais em que os recursos não são aceitos como receita eleitoral, para, ao final, informar que, na dinâmica da campanha, tais recursos devem ser estornados e devolvidos ou recolhidos ao Tesouro Nacional.

Tratamos, então, da proibição de arrecadação de recursos de pessoas jurídicas (art. 15, § 2º), dos recursos de fontes vedadas e outros cuja origem não é identificada, raciocínio necessário à aceitação dos recursos como receita no patrimônio segregado dos candidatos e partidos – aceitação que precede a emissão dos recibos.

Para saber mais

AGRA, W. de M. Financiamento eleitoral no Brasil. In: CAMPILONGO, C. F.; GONZAGA, A. de A.; FREIRE, A. L. (Coord.). **Enciclopédia jurídica da PUC-SP**. São Paulo: Pontifícia Universidade Católica de São Paulo, 2017. Tomo: Direito Administrativo e Constitucional. Disponível em: https://enciclopediajuridica.pucsp.br/verbete/150/edicao-1/financiamento-eleitoral-no-brasil. Acesso em: 18 maio 2023.

Indicamos a leitura dessa publicação de Walber de Moura Agra sobre o financiamento eleitoral no Brasil.

BRASIL. Tribunal Superior Eleitoral. Relatório das empresas de financiamento coletivo. 2023. Disponível em: https://financiamentocoletivo.tse.jus.br/fcc.web/#!/publico/lista-empresa. Acesso em: 18 maio 2023.

Nesse banco de dados do TSE, é possível consultar quais são as empresas de financiamento coletivo.

Consultando a legislação

BRASIL. Lei n. 9.504, de 30 de setembro de 1997. **Diário Oficial da União**, Poder Legislativo, Brasília, DF, 1º out. 1997. Disponível em: http://www.planalto.gov.br/ccivil_03/leis/L9504.htm. Acesso em: 16 maio 2023.

BRASIL. Lei n. 9.096, de 19 de setembro 1995. **Diário Oficial da União**, Poder Legislativo, Brasília, DF, 20 set. 1995. Disponível em: https://www.planalto.gov.br/ccivil_03/leis/l9096.htm. Acesso em: 16 maio 2023.

Alexandre Di Pietra | Raquel Maria Ferro Nogueira

> BRASIL. Tribunal Superior Eleitoral. Secretaria de Gestão da Informação e do Conhecimento. Coordenadoria de Jurisprudência e Legislação. Seção de Legislação. Resolução n. 23.607, de 17 e dezembro de 2019. **Diário da Justiça Eleitoral**, Poder Judiciário, Brasília, DF, 27 dez. 2019. Disponível em: https://www.tse.jus.br/legislacao/compilada/res/2019/resolucao-no-23-607-de-17-de-dezembro-de-2019. Acesso em: 16 maio 2023.
> Sugerimos a leitura na íntegra da legislação indicada.

Questões para revisão

1. Analise as afirmativas a seguir e marque com V as verdadeiras e com F as falsas.

    ( ) A arrecadação de recursos de campanha eleitoral objetiva custear os gastos eleitorais.

    ( ) A arrecadação de receitas partidárias visa à manutenção do órgão partidário durante o período de campanha eleitoral.

    ( ) A arrecadação de campanha eleitoral pode ser realizada pelos candidatos, incluindo os vices, os suplentes e os partidos políticos.

    ( ) Recursos próprios dos partidos políticos oriundos da contribuição dos filiados não podem ser utilizados na campanha eleitoral.

    ( ) Recursos próprios dos partidos políticos oriundos do Fundo Partidário podem ser aplicados na campanha eleitoral.

Agora, assinale a alternativa que apresenta a sequência correta:

a) V, F, V, F, V.
b) V, V, F, V, V.
c) F, V, V, F, V.
d) V, F, V, V, V.
e) F, V, V, V, F.

2. Sobre o financiamento de campanha, é correto afirmar:
a) As pessoas físicas podem doar qualquer valor em recurso financeiro, independentemente do rendimento auferido no ano anterior ao da eleição.
b) O candidato pode doar recursos financeiros próprios para sua campanha até o limite de gastos estipulado para o cargo ao qual está concorrendo.
c) O candidato pode doar recursos financeiros próprios para sua campanha até o limite máximo de 10% dos gastos estipulados para o cargo ao qual está concorrendo.
d) Os partidos políticos podem doar qualquer recurso financeiro existente em sua(s) conta(s) bancária(s), independentemente da origem.
e) Os empréstimos obtidos pelo candidato não são considerados recursos próprios.

3. Sobre os recursos de fontes vedadas, é **incorreto** afirmar:
a) É permitido a partido político e a candidato receber doação em dinheiro ou estimável em dinheiro, proveniente de pessoa jurídica e de pessoa física permissionária de serviço público.
b) Não é permitido a partido político e a candidato receber recurso de doador estrangeiro.

Alexandre Di Pietra | Raquel Maria Ferro Nogueira

c) Não é permitido a partido político e a candidato receber recurso de origem estrangeira.

d) É permitido a partido político e a candidato receber doação proveniente de pessoa jurídica.

e) Mesmo que o doador seja identificado, não é permitida a devolução do recurso ao doador.

4. Sobre os Recursos de Origem Não Identificada, marque com V as afirmações verdadeiras e com F as falsas:

( ) A identificação incorreta do doador caracteriza o recurso de origem não identificada.

( ) A não identificação do doador originário nas doações financeiras recebidas caracterizam o recurso como de origem não identificada.

( ) As doações de pessoas físicas que estejam com situação cadastral do CPF na Receita Federal que impossibilite a identificação da origem real do recurso não podem ser consideradas Recursos de Origem Não Identificada.

( ) O recurso de origem não identificada pode ser devolvido ao doador desde que seu CPF tenha sido registrado no SPCE com o número inválido, mesmo não havendo elementos suficientes para identificar a origem da doação.

Agora, assinale a alternativa que apresenta a sequência correta:

a) V, F, V, F.

b) V, F, F, F.

c) F, F, V, F.

d) V, V, V, V.

e) V, V, F, F.

5. Sobre o financiamento coletivo, podemos afirmar:

a) A forma de arrecadação de recursos por financiamento coletivo não pode ser utilizada por partidos políticos.

b) A arrecadação por financiamento coletivo só pode ser utilizada durante a pré-campanha.

c) Os doadores e as respectivas quantias doadas não podem ter os nomes e os valores divulgados na página da instituição arrecadadora, em atendimento à Lei Geral de Proteção de Dados (LGPD).

d) A arrecadação por financiamento coletivo deve ser realizada por empresa que atenda à legislação específica e que esteja regulamentada pelo Banco Central com critérios para operar arranjos de pagamento, independentemente de cadastro prévio na Justiça Eleitoral.

e) A arrecadação por financiamento coletivo pode ocorrer a partir do dia 15 de maio do ano eleitoral.

Questões para reflexão

1. O financiamento eleitoral é um tema abrangente para o debate e acomoda tanto a arrecadação quanto o gasto. Na acepção prática, o financiamento é a fonte para o gasto. Assim sendo, é correto afirmar que o gasto é a finalidade do financiamento?

2. As duras regras de arrecadação eleitoral realmente protegem a sociedade e o cidadão eleitor de maus gestores? A simplificação dessas regras implicaria riscos para a sociedade e para a própria democracia?

Alexandre Di Pietra | Raquel Maria Ferro Nogueira

3. É razoável afirmar que as doações eleitorais apresentam um viés político e simbolizam a vontade do eleitor. Assim, a disponibilidade de recursos em uma campanha está diretamente ligada ao resultado do pleito?

4. Por que Recursos de Fontes vedadas (RFV) que impedem o conhecimento da origem dos recursos ferem de morte as contas eleitorais, a diplomação e até a permanência do eleito no cargo?

5. As doações eleitorais são realizadas mediante a aceitação do candidato? O candidato pode se recusar a receber valores?

Capítulo 2
Gasto eleitoral[1]

---

1   Os itens jurídicos (artigos, parágrafos, incisos e alíneas) mencionados neste capítulo são da Resolução n. 23.607, de 17 de dezembro de 2019 (Brasil, 2019c), exceto quando for indicada uma norma específica.

Conteúdos do capítulo

- Gastos eleitorais: classificação e características.
- Início dos gastos eleitorais: convenção e pré-requisitos.
- Tipos de gastos eleitorais.

Após o estudo deste capítulo, você será capaz de:

1. referir-se à lista não taxativa que contém os tipos de gastos eleitorais;
2. reconhecer e classificar os gastos eleitorais em razão de suas características objetivas;
3. identificar os gastos não eleitorais;
4. descrever como se dá o início dos gastos eleitorais;
5. apontar a dinâmica das diligências e das intimações e o necessário suporte contábil.

Neste capítulo, faremos um breve ensaio sobre o conceito e as características do gasto eleitoral. Inicialmente, explicitaremos como identificar um gasto eleitoral.

Depois, apresentaremos o **quadro de gastos eleitorais** contendo as hipóteses em que há previsão legal para a aplicação dos recursos arrecadados sob a finalidade eleitoral.

O conceito e as características são necessários para o reconhecimento e a correta classificação do gasto eleitoral. Com base no referido quadro, os gastos serão detalhadamente descritos. Ao final, de forma oposta, serão analisados os gastos proibidos ou vedados.

Enfatizaremos o gasto com advogados e contadores, examinando sua natureza em confronto com as regras de classificação. Por fim, apresentaremos as características subjetivas e objetivas dos gastos eleitorais, sua classificação pela lista não taxativa, e o detalhamento das espécies nos destaques dados pelo pela norma eleitoral.

(2.1)
Conceituação

O gasto eleitoral é a aplicação de recursos eleitorais (dispêndio) exclusivamente autorizados por norma jurídica para o atingimento das finalidades eleitorais, como a estruturação e a divulgação de uma campanha, sujeitos à verificação de sua ocorrência e materialidade, por meio da comprovação por documentos hábeis.

Entretanto, para classificar um gasto qualquer como um gasto eleitoral (objeto), por lógica, devem-se observar algumas características gerais, nem sempre objetivas:

- Consumir **recursos de natureza** eleitoral.
- Movimentar uma **conta** bancária específica.
- Ser submetido ao **registro** contábil analítico (materialidade).
- Oportunizar a **fiscalização** – exercício do controle e consequente acompanhamento concomitante a sua realização.
- Estar submetido ao **limite** de gastos.
- Estar submetido aos **sublimites** (se houver).
- Proporcionar a **transparência** e a publicidade dos gastos.
- Constar na prestação de contas
- Permitir o amplo exercício do **controle social, ou seja, ser auditável pelo cidadão interessado.**

Essas características devem acompanhar qualquer despesa a ser classificada como gasto eleitoral.

2.1.1 Características do gasto eleitoral

O gasto eleitoral corresponde a um conjunto de despesas e um procedimento de campanha sujeito a regras que o tornam válido: início, atendimento aos pré-requisitos, suporte contábil e, por fim, possibilidade de ser diligenciado.

Quando o candidato pode iniciar os gastos eleitorais?

Início: convenção – O início coincide com a data efetiva da realização da convenção partidária (art. 36, § 2º).

A ata da convenção partidária é o documento que registra sua efetiva realização e confere ao membro do partido a expectativa de alcançar a condição de candidato, que se confirma com o deferimento de seu registro pela Justiça Eleitoral.

Nessa ocasião, é autorizada a realização de três tipos de gasto eleitoral. Em razão disso, candidatos e partidos podem iniciar, oficialmente, as tratativas para as seguintes contratações:

1. a preparação da campanha;
2. a instalação física de comitê;
3. o *site* do comitê de campanha.

Assim, fica autorizada a efetivação dos gastos eleitorais, desde que:

- sejam formalizados, e isso se dá pela declaração de vontade, com a assinatura de um termo de contrato;
- sejam pagos com recursos da conta bancária específica;
- seja observada a superação dos **pré-requisitos** para o pagamento do gasto eleitoral.

2.1.2 Pré-requisitos para o início da arrecadação e do gasto eleitoral

A ata da convenção possibilita o pedido do registro da candidatura, que, uma vez deferido, permitirá a concessão de um número do Cadastro Nacional de Pessoa Jurídica (CNPJ) eleitoral e, assim, a abertura de uma conta bancária específica. A seguir, listamos os pré-requisitos objetivos para o início do gasto eleitoral, descritos no art. 3º da resolução (Brasil, 2019c, grifo nosso):

> Art. 3º A arrecadação de recursos para campanha eleitoral de qualquer natureza deverá observar os seguintes pré-requisitos:
>
> I – para candidatos:
>
> a) requerimento do registro de candidatura;
>
> b) inscrição no Cadastro Nacional da Pessoa Jurídica (**CNPJ**);
>
> c) abertura de **conta bancária específica** destinada a registrar a movimentação financeira de campanha; e
>
> [...]

II – para partidos:

a) o registro ou a anotação conforme o caso, no respectivo órgão da Justiça Eleitoral;

b) inscrição no Cadastro Nacional da Pessoa Jurídica (CNPJ);

*c) abertura de **conta bancária específica** destinada a registrar a movimentação financeira de campanha;*

2.1.3 Suporte contábil

A autoridade judicial é autorizada ao exercício do **poder de diligências** (art. 44), bem como o **poder de intimação** (art. 44, § 2º). Tais poderes estão ligados diretamente à escrituração contábil tempestiva. Dessa forma, somente a contabilidade poderá demonstrar o registro da intenção do gasto, em tempo real, após a cogitação, o aceite e o orçamento aprovado. Como consequência, o prestador de contas e seus fornecedores de campanha devem estar aptos a demonstrar voluntariamente a realização do objeto contratado.

A autoridade judicial detém o poder de realizar diligências, a qualquer momento, para exercer formas coercitivas para a produção de provas: apresentação, busca e apreensão, exibição de documentos e quebra de sigilo bancário e fiscal, que podem alcançar terceiros envolvidos, no caso, os fornecedores.

Observe que, além da Justiça Eleitoral, os legitimados para esse acompanhamento incluem o Ministério Público, os partidos e os candidatos.

Logo, o gestor da campanha deverá cuidar para que a correta documentação seja produzida ao longo de toda a operação, o que é muito diferente de registrar pagamentos em razão de documentos fiscais respectivos.

Art. 44. A autoridade judicial pode, a qualquer momento, mediante provocação ou de ofício, determinar a realização de diligências para verificação da regularidade e efetiva realização dos gastos informados pelos partidos políticos ou candidatos.

§ 1º Para apuração da veracidade dos gastos eleitorais, a autoridade judicial, mediante provocação do Ministério Público ou de qualquer partido político, coligação ou candidato, pode determinar, em decisão fundamentada:

I – a apresentação de provas aptas pelos respectivos fornecedores para demonstrar a prestação de serviços ou a entrega dos bens contratados;

II – a realização de busca e apreensão, exibição de documentos e demais medidas antecipatórias de produção de prova admitidas pela legislação;

III – a quebra do sigilo bancário e fiscal do fornecedor e/ou de terceiras(os) envolvidas(o). (Brasil, 2019c)

O poder ou **direito de intimação** é uma ferramenta da fiscalização (poder de polícia) exercido pela Justiça Eleitoral ou pelo Ministério Público, e não se esgota com o encerramento da campanha no dia da votação ou com a diplomação. O poder de fiscalização é mantido até que sejam apreciadas as contas, direito que passa a ser operacionalizado por meio de intimações, conforme o art. 44, parágrafo 2º, da Resolução Eleitoral:

Art. 44. [...]

§ 2º Independentemente da adoção das medidas previstas neste artigo, enquanto não apreciadas as contas finais do partido político ou do candidato, a autoridade judicial poderá intimá-lo a comprovar a realização dos gastos de campanha por meio de documentos e provas idôneas. (Brasil, 2019c)

Os gastos eleitorais efetivam-se na data de sua contratação, independentemente da realização de seu pagamento (art. 36).

O termo *efetivar* comunica a ideia de produção dos efeitos jurídicos esperados, mencionando-se o ato da contratação e afastando-se claramente a ideia de registro pelo pagamento, o que se coaduna com a essência da atuação do profissional da contabilidade.

O **princípio contábil da competência** determina que o registro da despesa efetiva-se na data da contratação, afastando o registro pelo pagamento, que, no contexto, representaria a opção pelo **regime de caixa**.

De acordo com o **princípio da oportunidade**, os gastos devem ser registrados na prestação de contas no ato de sua contratação (art. 36, § 1º). Exsurge, assim, a aplicação desse princípio. A oportunidade é a obrigação do gestor financeiro de disponibilizar os dados e as informações a respeito dos atos e dos fatos da campanha, em tempo oportuno para o registro.

O princípio da competência direciona o "reconhecimento contábil" para o registro do ato jurídico de contratação como fato a ser evidenciado na escrituração das contas da campanha, tão logo estejam disponíveis as informações, atendendo, com isso, ao princípio da oportunidade, independentemente da qualidade da informação, se formal ou não.

A contratação deve ser reconhecida pela existência de um termo de contrato ou por simples declaração. E, com isso, não se pode alegar a ausência da informação de contratação para reafirmar que o registro será feito pelo **ato de quitação**, em razão da existência formal de informação financeira na conta bancária; pelo contrário, o registro do pagamento deve denotar a ausência do registro da contratação.

Eis que fica demonstrado o descumprimento de um terceiro princípio contábil, que é o da **tempestividade**, que afeta a publicidade e a transparência a serem dadas aos controles externo e social.

(2.2)
TIPOS DE GASTOS ELEITORAIS

Na seção anterior, explicitamos o conceito e as características do gasto eleitoral. Agora, aplicaremos esses conhecimentos na análise dos gastos enumerados na Resolução Eleitoral. Observe que a lista transcrita a seguir não é taxativa, ou seja, admite interpretação extensiva, para ampliar seu conteúdo. Assim é porque, na prática, podemos encontrar outros objetos de gasto além dos descritos.

2.2.1 GASTOS DESCRITOS NA LISTA NÃO TAXATIVA

As possibilidades de gasto eleitoral estão descritas e autorizadas nos incisos do art. 35, que impõem a classificação objetiva ao identificá-los:

> I – confecção de **material impresso** de qualquer natureza, observado o tamanho fixado no § 2º, inciso II do art. 37 e nos §§ 3º e 4º do art. 38, todos da Lei nº 9.504/1997;
>
> II – **propaganda e publicidade** direta ou indireta, por qualquer meio de divulgação;
>
> III – **aluguel** de locais para a promoção de atos de campanha eleitoral;
>
> IV – despesas com **transporte** ou deslocamento de candidato e de pessoal a serviço das candidaturas;
>
> V – **correspondências** e despesas postais;
>
> VI – despesas de instalação, organização e funcionamento de **comitês de campanha** e serviços necessários às eleições, observadas as exceções previstas no § 6º do art. 35 desta Resolução;

Alexandre Di Pietra | Raquel Maria Ferro Nogueira

*VII – **remuneração** ou gratificação de qualquer espécie paga **a quem preste** serviço a candidatos e a partidos políticos;*

*VIII – montagem e operação de **carros de som**, de propaganda e de assemelhados;*

*IX – realização de comícios ou **eventos** destinados à promoção de candidatura;*

*X – **produção** de programas de **rádio, televisão ou vídeo**, inclusive os destinados à propaganda gratuita;*

*XI – realização de **pesquisas** ou testes pré-eleitorais;*

*XII – a – custos com a criação e a inclusão de páginas na **internet**; b – com o **impulsionamento** de conteúdos contratados diretamente de provedor da aplicação de internet com sede e foro no país; c – com **priorização paga** (incluso pelo §1º);*

*XIII – **multas aplicadas, até as eleições**, aos candidatos e partidos políticos por infração do disposto na legislação eleitoral;*

*XIV – **doações** para outros partidos políticos ou outros candidatos;*

*XV – **produção de jingles, vinhetas e slogans** para propaganda eleitoral.*

(Brasil, 2019c, grifo nosso)

As palavras-chave estão em destaque para facilitar a localização do objeto relacionado ao gasto eleitoral analisado, buscando-se a interpretação extensiva, sem deixar de aplicar o crivo do conceito já estudado e observar se todas as características estão presentes.

A seguir, apresentaremos breves comentários aos pontos mais relevantes da lista.

2.2.2 IMPULSIONAMENTO (ART. 35, §§ 1º E 2º)

Houve a inclusão de uma espécie de despesa que se identifica pelo uso das tecnologias atuais. Na verdade, ocorreu o desdobramento do inciso XII (despesa com internet e impulsionamento de conteúdo), incluindo-se, objetivamente, nesse subconjunto, a despesa com a priorização paga de conteúdos resultantes de aplicações de busca na internet.

Assim, passamos a ter os seguintes desdobramentos nos itens:

Art. 35. São gastos eleitorais [...]

*XII – custos com a criação e a inclusão de páginas na **internet** e com o **impulsionamento** de conteúdos contratados diretamente de provedor da aplicação de internet com sede e foro no país;*

*§ 1º Inclui-se entre as formas de impulsionamento de conteúdo, de que trata o inciso XII deste artigo, a **priorização paga** de conteúdos resultantes de aplicações de busca na internet.* (Brasil, 2019c, grifo nosso)

A despesa com impulsionamento diz respeito àquele efetivamente prestado até a data da eleição. Eventual crédito existente em razão do pagamento e da não utilização deverá, conforme a origem do recurso utilizado, ser transferido como sobra de campanha:

- ao Tesouro Nacional, na hipótese de pagamento com recursos do Fundo Especial de Financiamento de Campanha (FEFC) ;
- ao partido político, via conta Fundo Partidário ou outros recursos, a depender da origem.

2.2.3 Uso de combustível

A Resolução Eleitoral proíbe a despesa comum com o uso de combustíveis e permite apenas na hipótese de apresentação do documento fiscal, no qual conste o CNPJ da campanha, e que se refira a uma das três possibilidades de abastecimento (art. 35, § 11, incisos de I a III):

veículos em eventos de carreata; veículos a serviço da campanha; uso de geradores.

Em resumo, a resolução passa a especificar e qualificar as três únicas possibilidades de uso de combustíveis na campanha: carreatas, serviços e geradores. Além disso, exige **relatórios específicos e periódicos** para o detalhamento desse gasto eleitoral por quantitativos, condicionando a comprovação à emissão do documento fiscal idôneo com a identificação do CNPJ da campanha.

- **Veículos em eventos de carreata** – Relatório do evento indicando a quantidade de carros e a quantidade de combustíveis utilizados, com limitação de 10 (dez) litros por veículo e número de veículos livre.
- **Veículos a serviço da campanha** – Relatório semanal de veículos, contendo o volume e o valor dos combustíveis adquiridos para esse fim. Devem ser identificados os veículos declarados na prestação de contas.
- **Uso de geradores** – Relatório final dos geradores de energia, com tipo de vínculo comprovado (por locação ou por cessão temporária) e contendo o volume e o valor dos combustíveis adquiridos para esse fim.

Vale lembrar que a locação de veículos como uma das formas de vínculo à campanha é limitada em 20% do total de gastos de campanha. Logo, impõe-se aqui um limite indireto para o gasto com combustíveis (art. 42, inciso II).

2.2.4 Folha de pessoal (art. 35, § 12)

É exigida a elaboração de um documento semelhante a uma **folha de pagamento**, porém mais completo e detalhado, pois deve conter as atividades dos cargos e as justificativas do preço da contratação. Assim, o documento deverá conter:

- identificação integral do prestador;
- local de trabalho;
- especificação das atividades;
- horas trabalhadas;
- preço contratado;
- justificativa do preço.

2.2.5 Militância e mobilização de rua (art. 41)

É gasto eleitoral classificado no inciso VII do art. 35 e cobre toda a campanha eleitoral, incluindo o primeiro e o segundo turnos, se houver.

São excluídos dos limites:

- a militância não remunerada;
- o pessoal contratado para apoio administrativo e operacional;
- os fiscais e os(as) delegados(as) credenciadas(os) para trabalhar nas eleições;
- os(as) advogados(as) dos candidatos ou dos partidos políticos e das coligações – art.100-A, parágrafo 6º, da Lei n. 9.504, de 30 de setembro de 1997 (Brasil, 1997).

Alexandre Di Pietra | Raquel Maria Ferro Nogueira

2.2.6 Limite de contratações

O cálculo do limite de contratações depende da publicação, pelo Tribunal Superior Eleitoral (TSE), dos quantitativos do eleitorado de cada município, após o fechamento do cadastro eleitoral.

A referência é o cargo de prefeito (V): nos municípios de até 30 mil eleitores, serão 300 contratações, ou seja, 1% do eleitorado; nos municípios maiores, a cada 1.000 eleitores, o TSE autoriza uma nova contratação. Por exemplo:

> 35 mil eleitores = 305 contratações
> 70 mil eleitores = 340 contratações

As contratações observarão ainda os limites definidos no quadro a seguir nas candidaturas aos cargos, somadas as contratações eventualmente realizadas pelos partidos, pelos titulares, pelos suplentes ou pelos vices.

Quadro 2.1 – Limite quantitativo de contratações

Inciso	Cargo	Limite
I	Presidente da República e senador	Em cada estado, é o número do **maior** município.
II	Governador de estado e do Distrito Federal	No estado, o **dobro** do maior município. No Distrito Federal, o **dobro** do número alcançado no caso de município acima de 30 mil = 300 + 1.
III	Deputado federal	Na circunscrição, **70%** (setenta por cento) do limite estabelecido para o município com o maior número de eleitores, e, no Distrito Federal, esse mesmo percentual aplicado sobre o limite calculado na forma do inciso II do *caput*, considerado o eleitorado da maior região administrativa

(continua)

(Qaudro 2.1 – conclusão)

Inciso	Cargo	Limite
IV	Deputado estadual ou distrital	Na circunscrição, **50%** (cinquenta por cento) do limite estabelecido para deputados federais.
V	Prefeitos	Municípios até 30 mil eleitores: 300 contratações, **1% do eleitorado.** Em municípios maiores, a cada 1.000 eleitores, uma nova contratação.
VI	Vereador	**50%** (cinquenta por cento) dos limites previstos nos incisos I e II do *caput*, até o máximo de 80% (oitenta por cento) do limite estabelecido para deputados estaduais.

Fonte: Elaborado com base em Brasil, 1997.

Alertamos que a fração será desprezada se for inferior a 0,5 (meio), e igualada a 1 (um) se for igual ou superior

O descumprimento dos limites previstos sujeita o candidato às penas previstas no art. 299 da Lei n. 4.737, de 15 de julho de 1965 (Brasil, 1965), e art. 100-A, parágrafo 5º, da Lei n. 9.504/1997. Isso não impede a apuração de eventual abuso de poder pela Justiça Eleitoral, por meio das vias próprias.

2.2.7 MATERIAL IMPRESSO

Não havendo dúvida quanto à classificação dos materiais impressos como gastos eleitorais (art. 35, inciso I), exige-se a adição de informações para possibilitar a perfeita identificação do material, a percepção do volume de campanha de determinado candidato e sua compatibilidade com o gasto eleitoral declarado.

Alexandre Di Pietra | Raquel Maria Ferro Nogueira

Exige-se o CNPJ ou o Cadastro de Pessoas Físicas (CPF) de quem confeccionou o material, contratou-o e pagou por ele. Deve ser explicitada também a informação quanto à tiragem[2], em que opera uma lógica reversa (art. 35, § 37°, da Lei n. 9.504/1997).

2.2.8 TRANSFERÊNCIA-DOAÇÃO

São consideradas como gastos eleitorais as despesas realizadas em benefício de outros, seja candidato, seja partido, que deverão ser computadas no limite de gastos daquele que as realiza, que perde patrimônio pela saída desses recursos (art. 35, § 8°):

> § 8° Os gastos efetuados por candidata ou candidato ou partido político em benefício de outra candidata ou outro candidato ou outro partido político constituem doações estimáveis em dinheiro, observado o disposto no no art. 38, § 2°, da Lei n° 9.504/1997. (Brasil, 2019c)

O destinatário recebe apenas o **benefício econômico** do gasto realizado pelo doador; por isso, esse valor é registrado como uma arrecadação por **doação estimável**.

Do ponto de vista contábil, esse gasto é uma saída do patrimônio doador e corresponde a uma entrada para o beneficiário, pelo mesmo valor, equivalente. Assim, trata-se de uma **transferência-doação,** por não envolver recursos financeiros.

A **transferência-doação** é uma operação com os recursos eleitorais que envolvem partidos e candidatos como doadores e beneficiários. De um lado, as despesas/saídas são estudadas como **gasto eleitoral** pelo pagamento/aplicação (item XIV: doações para outros partidos políticos ou outros candidatos) e oneram o limite-teto para

---

2   Lei n. 9.504/1997, art. 38, parágrafo 1°.

os gastos. De outro, as entradas são classificadas como doações estimáveis. Se o doador for um partido, aplica-se o art. 20, que se ajusta ao conceito aqui apresentado.

> **Importante!**
>
> A transferência-doação (art. 35, § 8°) é a operação contábil que registra a saída de recurso eleitoral de um patrimônio eleitoral para outro, evidenciando-se a mudança de titularidade entre candidatos e partidos, na modalidade de doações estimáveis em dinheiro de natureza econômica, ou seja, não financeira; logo, sem o trânsito pela conta bancária específica.
>
> Assim é porque o parágrafo 3° do art. 25 da resolução apresenta a **regra excepcional** que autoriza os partidos e candidatos a doarem entre si os itens proibidos aos doadores pessoas físicas, quais sejam, bens próprios ou serviços estimáveis. Essa informação pode ser estratégica no planejamento e no financiamento de campanha.
>
> Observamos que o termo *transferência* foi utilizado na resolução eleitoral com diferentes significados, entretanto, sem o rigor técnico. Assim, aconselhamos um estudo mais detido sobre esse tema.

2.2.9 Bens e serviços entregues (Art. 43, § 2°)

Os bens e os serviços entregues ou prestados ao candidato não representam gastos do eleitor e caracterizam **doação estimável em dinheiro** (art. 43, § 2°). Trata-se do ato de entregar bens e serviços que transformam os **gastos do eleitor** em gastos eleitorais do candidato, que está sujeito às regras de doação.

Alexandre Di Pietra | Raquel Maria Ferro Nogueira

Quando bens e serviços são entregues ao candidato, eles expressam a ausência de liberalidade, uma vez que já carregam em seu bojo uma finalidade que se define pela aceitação compulsória no uso ou no consumo do item doado. Há restrição apenas quanto às fontes vedadas ou a eventual excesso de doação.

2.2.10 GASTOS ELEITORAIS ESPECIAIS: ADVOCACIA E CONTABILIDADE (ART. 35, §§ 3º, 4º, 5º E 9º)

Os contratos de advocacia e de contabilidade são considerados gastos eleitorais e seus objetos foram descritos de várias formas; entretanto, em todas as passagens, sempre constam as mesmas ideias ou sentidos, expressas no quadro a seguir.

Quadro 2.2 – Contratação de honorários profissionais

Artigo	Parágrafo	Descrição
35	3º primeira parte	Despesas com consultoria e assessoria.
	3º segunda parte	Pagamento de honorários realizadas em decorrência da prestação de serviços advocatícios e de contabilidade no curso das campanhas eleitorais.
	9º primeira parte	Pagamento efetuado por candidatos e partidos políticos de honorários de serviços advocatícios e de contabilidade, relacionados à prestação de serviços em campanhas eleitorais e em favor destas.
	9º segunda parte	Processo judicial decorrente de defesa de interesses de candidato ou de partido político.
43	3º	Honorários decorrentes da prestação de serviços advocatícios e de contabilidade, relacionados às campanhas eleitorais e em favor destas.

Fonte: Elaborado com base em Brasil, 2019c.

Em todos os itens, por qualquer uma das formas apresentadas no quadro, são descritos **contratos de honorários essenciais** em razão da exigência da atuação dos profissionais.

Podemos identificar esses contratos de honorários pelas seguintes características:

- são gastos eleitorais (art. 35, § 3º);
- são essenciais e obrigatórios;
- são excluídos do limite de gastos de campanha (art. 35, § 3º, da resolução; e art. 26, § 4º, da Lei n. 9.504/1997);
- devem ser informados na prestação de contas dos candidatos (art. 26, § 6º, da Lei n. 9.504/1997);
- podem ser pagos com **recursos eleitorais** de todos os tipos, privados ou públicos, do Fundo Partidário (FP) e do FEFC (art. 35, §§ 4º e 5º, da resolução);
- podem ser pagos com **recursos não eleitorais** do candidato (art. 35, § 4º, da resolução);
- quando são pagos por terceiros não constituem doação de bens e serviços estimáveis em dinheiro (art. 35, § 4º, da resolução; e art. 23, § 10, da Lei n. 9.504/1997).

Note-se que a despesa com esses honorários poderá ser paga com **recursos de terceiros**, independentemente do limite de gasto do eleitor (R$ 1.064,10), que, nesse caso, não compreende **doação eleitoral** (art. 27, §§ 1º e 2º, da Lei n. 9.504/1997), ainda que diretamente ligado à estrutura da campanha, conforme dispõem os parágrafos 3º e 4º do art. 43 da resolução, a seguir transcritos:

Art. 43 [...]

§ 3º Fica excluído do limite previsto no caput deste artigo o pagamento de honorários decorrentes da prestação de serviços advocatícios e de

contabilidade, relacionados às campanhas eleitorais e em favor destas (Lei nº 9.504, art. 27, § 1º).

*§ 4º Para fins do previsto no § 3º deste artigo, o **pagamento efetuado por terceiro** não compreende doação eleitoral [...].* (Brasil, 2019c, grifo nosso)

No procedimento e no processo de contas de campanha, é preciso observar a **excepcionalidade** que a lei passou a conceder para o gasto com os honorários essenciais (advocacia e contabilidade). Observe-se que o tema foi tratado em diferentes partes da resolução, demonstrando claramente a intenção do legislador.

Por conta dessas características, a advocacia e a contabilidade são enquadradas em uma **regra especial** diante das características da **regra geral**, estabelecida pela análise do *caput* do art. 35 da resolução, que orienta o gasto eleitoral, conforme expusemos no início deste capítulo

Por fim, uma última característica dessas contratações refere-se à regra de não incidência tributária, por falta de previsão constitucional e legal de hipótese da incidência para a retenção de tributos, no caso, o Imposto de Renda retido na fonte de competência da União Federal.

Frisamos que, na forma prescrita no parágrafo 3º do art. 4º da resolução, a fonte pagadora dos honorários pode ser "qualquer pessoa", que não é suscetível a obrigações acessórias, comuns à pessoa jurídica, na forma como está disposto na legislação tributária. Em últimas palavras, nem as contas do candidato estão submetidas à obrigação tributária de retenção na fonte, nem o terceiro, caso seja pessoa física, não obstante haja a indevida exigência da obrigação acessória aplicada aos candidatos.

Por conclusão, em razão de sua essencialidade e das características especiais, advocacia e contabilidade são qualificados como **honorários essenciais** (art. 43, §§ 3º e 4º).

Fica excluído do limite previsto para os gastos do eleitor o pagamento de honorários decorrentes da prestação de serviços advocatícios e contábeis relacionados às campanhas eleitorais e em favor desta (art. 43, § 3º, da resolução; e art. 27, § 2º, da Lei n. 9.504/1997). Assim, o pagamento efetuado por terceiro não compreende doação eleitora (art. 27, § 2º, da Lei n. 9.504/1997).

Em suma, a lei afasta da classificação de **gasto eleitoral**, bem como de suas características, o pagamento de honorários advocatícios e contábeis, essenciais à campanha, quando forem pagos por terceiros, no caso, os eleitores simpatizantes.

(2.3)
Gastos não eleitorais

Quanto aos gastos não eleitorais, há duas situações: (1) eles não se amoldam à classificação na forma já apresentada neste capítulo; ou (2) foram objetivamente proibidos pela norma jurídica, como é o caso das despesas pessoais

2.3.1 Despesas pessoais

As seguintes despesas foram intencionalmente excluídas da lista de **gastos eleitorais** (art. 35, § 6º):

* o veículo do candidato e as despesas a ele conexas (motorista, combustível, manutenção);
* motorista (remuneração, hospedagens, combustível);

Alexandre Di Pietra | Raquel Maria Ferro Nogueira

- viagens (combustível) e estadias (alimentação) próprias;
- despesas com telefonia.

Como consequência, essas despesas não são consideradas gastos eleitorais e, se ocorrerem, devem ser pagas com recursos do patrimônio pessoal do candidato, sendo vedado o uso de recursos eleitorais sob pena de desvio de finalidade.

Com relação a essas despesas, a norma jurídica optou por afastar as características gerais do **gasto eleitoral** (*caput* do art. 35). Isso implica o efeito oposto ao que determina o *caput* do artigo, ou seja, opera a **exclusão da contabilização**, da sujeição aos limites existentes, da prestação de contas e, principalmente, do uso de recursos eleitorais para a satisfação do candidato. A razão disso está na essencialidade, pelo fato de que todos a utilizam, e no potencial econômico, pois envolve valores baixos e amplamente conhecidos.

Esses gastos operam um efeito nulo no grau de transparência do candidato. Se forem registrados, aumentarão o volume de dados a serem auditados sem que isso represente transparência.

Entretanto, ressaltamos que não se trata da fiscalização de conteúdo, ou seja, do "sigilo", por exemplo, das contas telefônicas, e sim da origem e da aplicação dos recursos. Essas despesas formam uma ampla base em uma pirâmide imaginária de dados; além disso, a razão do corte alcança a todos, ainda que, apenas potencialmente alguns desprovidos desses recursos.

2.3.2 MULTA POR PROPAGANDA ANTECIPADA (ART. 37, PARÁGRAFO ÚNICO)

As multas advindas de propagandas antecipadas não são gastos eleitorais ou despesas de campanha, ainda que o responsável por elas venha a se tornar candidato. A propaganda antecipada é aquela realizada antes do período eleitoral por eventual pré-candidato. Logo, sua penalização não pode ser paga com recursos eleitorais.

2.3.3 Inadimplementos e ilícitos

Os recursos públicos não podem ser utilizados para pagamento de encargos decorrentes de inadimplência de pagamentos de multa, juros, atualização monetária, infrações e ilícitos penais, administrativos ou eleitorais (art. 37).

Isso se justifica porque os recursos públicos transferidos do orçamento da União (do FP e do FEFC) carregam uma importante característica, que é a vedação aos gastos gerados pela ingerência administrativa no trato da coisa pública – regra desconhecida por muitos.

2.3.4 Gastos dos eleitores

Polêmicas à parte, a lei[3] autoriza que qualquer eleitor possa realizar, contratar e pagar, em seu próprio nome, despesas em favor de um candidato de sua preferência (art. 43). Não se trata de gasto eleitoral, mas de gasto do eleitor, e é diferente da doação – exatamente por isso fica fora da contabilização pelo candidato.

Na doação, há o pressuposto da liberalidade do recebedor em aceitar ou não o recurso financeiro ou econômico que lhe é entregue, ao passo que, no gasto do eleitor, isso não se aplica, pois a determinação do objeto da despesa é ato voluntário do eleitor.

Qualquer forma de reembolso ou mesmo de escolha descaracteriza a necessária independência de vontade do eleitor e pode transformar seu gasto em gasto eleitoral.

---

3   Art. 27 da Lei n. 9.504/1997.

Art. 43. Com a finalidade de apoiar candidato de sua preferência, qualquer eleitor pode realizar pessoalmente gastos totais até o valor de R$ 1.064,10 (mil e sessenta e quatro reais e dez centavos), não sujeitos à contabilização, desde que não reembolsados (Lei nº 9.504/1997, art. 27). (Brasil, 2019c)

O comprovante da despesa deve ser emitido em nome do eleitor, com a finalidade da verificação objetiva da **condição de eleitor** para a realização da operação (art. 43, § 1º). Recomenda-se o registro do número do título do eleitor no documento fiscal que acobertar a operação.

2.3.5 LIMITE E SUBLIMITES DE GASTOS

O limite de gastos mencionado no art. 35 da resolução é o mesmo limite descrito do art. 4º dessa resolução, que atua como um teto para as despesas de campanha de determinado cargo eletivo. Assim, por exemplo, todos os candidatos ao cargo majoritário no pleito municipal estão sujeitos a um mesmo limite de gastos em suas campanhas: "Art. 35. São gastos eleitorais, sujeitos ao registro e aos limites fixados nesta Resolução (Lei nº 9.504/1997, art. 26)" (Brasil, 2019c).

Além do limite de gastos (teto) já apresentado, existem outros dois limites: um para a alimentação e outro para o aluguel de veículos. Também são chamados de *sublimites*, porque dependem do gasto total contratado.

Na letra da lei

A Resolução Eleitoral estabelece os percentuais dos sublimites no art. 42, a seguir transcrito:

> *Art. 42. São estabelecidos os seguintes **limites** em relação ao total dos gastos de campanha contratados (Lei nº 9.504/1997, art. 26, § 1º):*
>
> *I – alimentação do pessoal que presta serviços às candidaturas ou aos comitês de campanha: 10% (dez por cento);*
> *II – aluguel de veículos automotores: 20% (vinte por cento).* (Brasil, 2019c, grifo nosso)

Salientamos que, da mesma forma que ocorre com o fundo de caixa, a base de cálculo desses limites é o valor total do **gasto eleitoral contratado**, que somente é conhecido no dia da eleição, quando se encerra a possibilidade de realização do gasto eleitoral. Esses limites são restritivos e impõem certa lógica à materialidade da despesa, sendo certo, somente:

* 10% do total dos gastos de campanha poderá ser aplicado na **alimentação do pessoal** de campanha;
* 20% do mesmo total poderá ser aplicado em **locação de veículos**.

Vale lembrar que o gasto com combustível está sob rígido acompanhamento; soma-se a isso o fato de que passou a ser exigido o relatório semanal da utilização de veículos e combustíveis (art. 35, § 11).

Alexandre Di Pietra | Raquel Maria Ferro Nogueira

Para saber mais

BRASIL. Tribunal Superior Eleitoral. **Eleição geral federal 2022.**
Disponível em: https://divulgacandcontas.tse.jus.br/divulga/#/.
Acesso em: 22 maio 2023.

Nesse *link*, são divulgadas informações financeiras sobre a arrecadação e o gasto eleitoral de candidatos e partidos.

SANTOS FILHO, H. (Coord.). **Contabilidade eleitoral**: aspectos contábeis e jurídicos – eleições 2022. Brasília: Conselho Federal de Contabilidade, 2022. Disponível em: https://cfc.org.br/ wp-content/uploads/2022/09/contabilidade_eleitoral_2022.pdf. Acesso em: 22 maio 2023.

Esse material foi elaborado pelo Conselho Federal de Contabilidade e reúne muitas informações relevantes ao assunto estudado neste capítulo.

Consultando a legislação

BRASIL. Lei n. 9.504, de 30 de setembro de 1997. **Diário Oficial da União**, Poder Legislativo, Brasília, DF, 1º out. 1997. Disponível em: http://www.planalto.gov.br/ccivil_03/ leis/L9504.htm. Acesso em: 17 maio 2023.
BRASIL. Lei n. 9.096, de 19 de setembro 1995. **Diário Oficial da União**, Poder Legislativo, Brasília, DF, 20 set. 1995. Disponível em: https://www.planalto.gov.br/ccivil_03/leis/ l9096.htm. Acesso em: 17 maio 2023.

> BRASIL. Tribunal Superior Eleitoral. Secretaria de Gestão da Informação e do Conhecimento. Coordenadoria de Jurisprudência e Legislação. Seção de Legislação. Resolução n. 23.607, de 17 e dezembro de 2019. **Diário da Justiça Eleitoral**, Poder Judiciário, Brasília, DF, 27 dez. 2019. Disponível em: https://www.tse.jus.br/legislacao/compilada/res/2019/resolucao-no-23-607-de-17-de-dezembro-de-2019. Acesso em: 17 maio 2023.
> Sugerimos a leitura na íntegra da legislação indicada.

Síntese

Em razão de sua finalidade, o gasto eleitoral é autorizado por lei e normatizado pela Resolução n. 23.607/2019, que agora passa a ser atualizável, como já ocorre com as leis. Logo, pode existir o gasto ilegal pelo desvio da finalidade.

O reconhecimento do gasto eleitoral (classificação) é tarefa da gestão dos atos em matéria financeira, importante para a produção de informações e dados necessários a sua correta documentação e precedem a escrituração.

Questões para revisão

1. Analise as afirmativas a seguir e marque com V as verdadeiras e com F as falsas.

   ( ) O crédito pago e não utilizado com impulsionamento de conteúdo deve ser considerado sobra de campanha.

   ( ) A despesa de campanha efetiva-se no ato de sua contratação, independentemente do pagamento.

( ) A despesa com locação de veículos deverá ser de até 20% do limite de gastos.

( ) O gasto com alimentação de pessoal é ilimitado.

( ) O material impresso não deve ter CNPJ do contratante nem do contratado, apenas a tiragem do material produzido.

Agora, assinale a alternativa que apresenta a sequência correta:

a) V, F, V, F, V.
b) V, V, F, F, F.
c) F, V, V, F, V.
d) V, F, V, V, V.
e) F, V, V, V, F.

2. Sobre os pré-requisitos de arrecadação e dos gastos de campanha eleitoral para candidatos, assinale a alternativa correta.
   a) Requerimento do registro de candidatura.
   b) Inscrição no CNPJ.
   c) Abertura de conta bancária específica destinada a registrar a movimentação financeira de campanha.
   d) Emissão de recibos eleitorais.
   e) Todas as alternativas anteriores.

3. Com relação aos gastos com contador e advogado, é correto afirmar:
   a) Não podem ser pagos por pessoas físicas.
   b) Se forem pagos por pessoas físicas, deverão ser lançados como doações estimáveis em dinheiro.
   c) Somente podem ser pagos pelos partidos políticos.

d) Despesas com contador e advogado que forem pagas por candidatos e partidos políticos devem ser lançadas na prestação de contas como gastos de campanha eleitoral e compõem o limite de gastos.

e) Despesas com contador e advogado que forem pagos por candidatos e partidos políticos devem ser lançadas na prestação de contas como gastos de campanha eleitoral e estão excluídas do limite de gastos.

4. Com relação aos gastos pessoais do candidato, marque com V as afirmativas verdadeiras e com F as falsas:

( ) Despesas com o veículo utilizado pelo candidato durante a campanha não são consideradas gastos de campanha.

( ) O pagamento do serviço de motorista do veículo utilizado pelo candidato durante a campanha é considerado gasto de campanha.

( ) Despesas com viagens e estadias do candidato são considerados gastos de campanha.

( ) Despesas com até três linhas telefônicas registradas em nome do candidato não são consideradas gastos de campanha.

Agora, assinale a alternativa que apresenta a sequência correta:

a) V, F, V, F.
b) V, F, F, F.
c) V, F, F, V.
d) V, V, V, V.
e) V, V, F, F.

5. Analise as sentenças a seguir e marque com V as afirmativas verdadeiras e com F as falsas:

( ) Recursos públicos não podem ser utilizados para pagamento de multas, juros e atualização monetária.

( ) Multa por propaganda antecipada não é considerada gasto de campanha eleitoral.

( ) Os gastos realizados pelos candidatos devem ser pagos e registrados na prestação de contas dos partidos como despesas de campanha eleitoral.

( ) Despesas com consultoria, assessoria e pagamento de honorários de serviços advocatícios e contábeis podem ser pagos com recursos do FP e do FEFC.

Agora, assinale a alternativa que apresenta a sequência correta:

a) V, F, V, F.
b) V, V, F, F.
c) F, F, F, V.
d) V, V, F, V.
e) V, F, F, F.

Questões para reflexão

1. O desvio da finalidade na aplicação da arrecadação eleitoral (gasto eleitoral) pode ser considerado uma irregularidade formal que deve ser tolerada quando representar percentuais mínimos?

2. Em atenção às características gerais do gasto, é possível estender a classificação do gasto eleitoral para acomodar uma despesa que não está na lista específica da resolução eleitoral?

3. O uso de recursos públicos faz aumentar o rigor na classificação do gasto eleitoral em razão da pena de devolução. Com isso, está proibido o pagamento de honorários advocatícios e contábeis?

4. O candidato a vice pode realizar gastos eleitorais. É correto que o candidato majoritário responda pela aplicação desses recursos, uma vez que foi o vice quem praticou tais atos? Deveria existir mais transparência? Deveria existir independência? A responsabilidade do majoritário pode ser afastada?

5. Nas espécies de despesas que a Resolução Eleitoral declara objetivamente que não são gastos eleitorais cabe a utilização da classificação extensiva para permitir o pagamento?

Alexandre Di Pietra | Raquel Maria Ferro Nogueira

Capítulo 3
Gestão financeira e contábil[1]

---
1 Os itens jurídicos (artigos, parágrafos, incisos e alíneas) mencionados neste capítulo são da Resolução n. 23.607, de 17 de dezembro de 2019 (Brasil, 2019c), exceto quando for indicada uma norma específica.

Conteúdos do capítulo

- Responsabilidade e ilícito eleitoral.
- Gestor financeiro: contas bancárias.
- Características da conta bancária.
- Movimentação (tesouraria).
- O contador na campanha eleitoral.

Após o estudo deste capítulo, você será capaz de:

1. justificar a necessidade de gestão por parte dos candidatos e dirigentes partidários em razão das responsabilidade assumidas;
2. indicar a possibilidade de auxilio direto pelo tesoureiro, se contratado;
3. apontar a necessidade de auxilio indireto por parte do profissional da contabilidade;
4. delimitar as funções da tesouraria, relacionadas às contas bancárias e aos recibos;
5. identificar as diretrizes da atuação do profissional da contabilidade.

Neste capítulo, versaremos sobre os principais elementos relativos à responsabilidade financeira e patrimonial de partidos e candidatos nas eleições, dentre os quais está a responsabilidade por eventuais ilícitos. Os partidos e os candidatos são os responsáveis pelos atos de gestão em matéria financeira, que são os atos de campanha que representam gasto ou arrecadação.

Também analisaremos as características das contas bancárias, como a identificação, a abertura, a gestão e o encerramento. Para efetivar essas operações financeiras, tem ocorrido a contratação de um tesoureiro, que deverá produzir a documentação necessária para essas atividades.

Por fim, destacaremos a atuação do profissional contábil para auxiliar o candidato na elaboração e na transparência de suas contas.

(3.1)
Gestão

A Lei n. 9.504, de 30 de setembro de 1997 (Brasil, 1997) – a Lei das Eleições –, é precisa em definir que as despesas da campanha eleitoral são financiadas na forma da lei; logo, em essência, as despesas são a finalidade da arrecadação, sob a responsabilidade dos partidos e de seus candidatos.

> *Art. 17. As despesas da campanha eleitoral serão realizadas sob a **responsabilidade** dos partidos, ou de seus candidatos, e financiadas na forma desta Lei.* (Brasil, 1997, grifo nosso)

Assim, as despesas de campanha são qualificadas como "gastos eleitorais", por refletirem o conceito que advém da finalidade legal, que é fazer campanha.

A Resolução n. 23.607/2019[2] tem o importante papel de regulamentar a Lei n. 9.504/1997. Nesse sentido, a Resolução Eleitoral, em seu art. 1º, estabelece o escopo de todo o comportamento financeiro esperado para os atores envolvidos no processo eleitoral, regulamentando e disciplinando a arrecadação e o gasto de recursos no sistema eleitoral brasileiro, sempre à luz da finalidade legal.

A Resolução Eleitoral, em seu art. 2º, fixa a responsabilidade pelos atos de gestão em matéria financeira nas campanhas eleitorais ao declarar que a prática desses atos é exclusiva de candidatos e de gestores partidários na circunscrição do pleito[3] e de seus respectivos procuradores, afastando completamente a possibilidade do envolvimento de terceiros não habilitados, regulamentando o art. 20 da Lei das Eleições:

> *Art. 20. O candidato a cargo eletivo fará, diretamente ou por intermédio de pessoa por ele designada, a administração financeira de sua campanha usando recursos repassados pelo partido, inclusive os relativos à cota do Fundo Partidário, recursos próprios ou doações de pessoas físicas, na forma estabelecida nesta Lei.* (Brasil, 1997)

Ainda, o art. 2º da Resolução Eleitoral fixa também a finalidade dos recursos eleitorais para custear as despesas.

---

2   *Essa resolução passou a ser atualizável por outras resoluções, de mesma fonte jurídica, mais recentes e com alterações pontuais, como já ocorre com todas as leis.*

3   *Desses conceitos, extrai-se a ideia de que a responsabilidade do partido deveria ser limitada à circunscrição do pleito. Afinal, a atuação dos candidatos já nasce naturalmente limitada, o que não ocorre com os partidos, pois estes podem, em tese, atuar em outras circunscrições.*

Em suma, a Resolução Eleitoral determina a responsabilidade pelos atos de gestão de matéria financeira, sempre à luz da finalidade legal, atribuindo a legitimidade para a prática dos atos aos candidatos e aos partidos políticos na circunscrição do pleito, submetendo-os à prestação de contas pelo dever de transparência, necessário desde as primeiras movimentações de recursos.

Entretanto, comumente são desrespeitados os simples conceitos iniciais, o que faz nascer o "ilícito eleitoral em matéria financeira". Este surge em razão da quebra do vínculo entre o que dispõe a lei e a resolução, de um lado, e a conduta do candidato, de outro. Muitos ilícitos ocorrem pela incompreensão dos elementos iniciais ligados à responsabilidade, à finalidade e à legitimidade na autoria dos atos.

Além disso, o ilícito ocorre pela ausência de comprovação, também ligada à incompreensão, gerando a falta de produção de informações necessárias e suficientes à demonstração da lisura.

Assim, destacamos como exemplo a utilização da conta bancária se, dos atos de gestão em matéria financeira, arrecadação e gasto, não transitarem os recursos pelas contas bancárias, exigidas pela Lei n. 9.504/1997, e tal fato configurará **ilícito eleitoral**, cuja implicação será:

- causa de desaprovação das contas[4] (art. 14);
- cassação do registro ou do diploma na forma da Lei n. 9.504/1997, art. 22, parágrafo 3º, se for comprovado o abuso do poder econômico (art. 14, § 1º, da resolução).

Importa lembrar que a participação financeira dos partidos no pleito está submetida aos comandos da Resolução Eleitoral. Isso quer

---

4   *A causa de desaprovação de contas impede a valoração do ilícito, ou seja, impede a aplicação de razoabilidade e proporcionalidade.*

Alexandre Di Pietra | Raquel Maria Ferro Nogueira

dizer que, com relação aos recursos eleitorais, deverá prevalecer o comando normativo de tal resolução, em detrimento do regramento da resolução partidária. Em razão da fixação em lei, a responsabilidade pelos atos de gestão recai sobre os atores legais ou sobre as pessoas por eles designadas, respondendo o candidato tanto pela escolha da pessoa quanto pela qualidade dos atos por ela praticados em seu nome. Os atos devem ser delegados diretamente pelo candidato, de forma que este constitua seu gestor financeiro por meio de procuração que mencione essa finalidade eleitoral.

A atividade do **gestor financeiro** deve ser contratada e remunerada como qualquer outra. Do contrário, faz presumir doação pessoal e poderá influenciar os limites do doador e do candidato, a preço de mercado.

Como tarefa inicial, compete ao candidato ou a seu gestor/procurador a **abertura de contas bancárias** que serão utilizadas para a movimentação dos recursos de campanha. Feito isso, compete ao gestor financeiro da campanha a eventual regularização de sua atuação com as **contas bancárias**.

O início da campanha é uma ocasião festejada. Igualmente o é o começo da arrecadação eleitoral, e a resolução controla esse momento, descrevendo formalmente os atos a serem praticados (art. 3º), que são os pré-requisitos para o início da arrecadação, definidos somente na resolução.

Contudo, a Lei das Eleições (art. 22, parágrafo 1º, inciso I) exige a abertura das contas em prazo mínimo, após a obtenção da inscrição no Cadastro Nacional da Pessoa Jurídica (CNPJ), que ocorre compulsoriamente, após o deferimento do pedido de registro de candidatura.

3.1.1 Contas bancárias

As normas relativas às contas bancárias têm características comuns que nos auxiliam a conhecer melhor o que é o instituto de transparência contido nas contas bancárias, como o elemento central da prestação de contas eleitorais.

Para identificá-las, é conveniente considerar um conjunto de qualidades: obrigatoriedade, condição inicial, prazos, gratuidade, padronização, ausência de sigilo, publicidade, padronização, transparência, prova negativa, finalidade, segregação, nomenclatura, função e utilização, multiplicidade e encerramento compulsório, entre outras. A seguir, detalhamos tais qualidades.

- **Obrigatoriedade** – A conta bancária de campanha é obrigatória (art. 8º, § 2º), em razão da proibição de movimentação de recursos eleitorais fora dessa conta, o que é causa de desaprovação das contas (art. 22 da Lei das Eleições e art. 14 da resolução).
- **Não obrigatoriedade** – A conta bancária deixa de ser obrigatória apenas nas circunscrições nas quais não haja agência bancária ou posto de atendimento bancário (art. 8º, § 4º, inciso I, da resolução).
- **Condição inicial** – Em razão da obrigatoriedade, a resolução exige que, para o início da campanha, a conta "de campanha" esteja aberta, a qual, por sua vez, é condicionada à concessão do CNPJ eleitoral (art. 3º da resolução).
- **Prazo 1** – Para o candidato, a abertura da conta ocorre em 10 dias contados após a concessão do CNPJ pela Secretaria da Receita Federal do Brasil (SRFB). Para os partidos, se já não o fizeram, o prazo é 15 de agosto do ano eleitoral (art. 8º, § 1º, incisos I e II, da resolução).

Alexandre Di Pietra | Raquel Maria Ferro Nogueira

- **Prazo 2** – Para os bancos, o prazo está na lei, e a abertura da conta deve ocorrer em três dias contados da protocolização do pedido (Lei das Eleições, art. 22, § 1º, inciso I)
- **Gratuidade** – As contas bancárias eleitorais são gratuitas. Com base na obrigatoriedade, o Estado, por meio do poder de intervenção, determina aos bancos concessionários do sistema financeiro a obrigatoriedade de atendimento a essa demanda social administrada pela Justiça Eleitoral. Entretanto, taxas e despesas por serviços adicionais e avulsos podem ser cobradas pelo preço médio de mercado (art. 12, § 2º, da resolução).
- **Ausência de sigilo** – As contas bancárias eleitorais são de acesso público, contrariando a regra civil que garante o sigilo bancário, conforme o que está disposto na Lei Complementar n. 105, de 10 de janeiro de 2001 (Brasil, 2001) (art. 13, § 2º, da resolução).
- **Publicidade** – A ausência de sigilo permite a publicidade das contas bancárias. Com base na obrigatoriedade e na gratuidade, a regra eleitoral é dar publicidade a essas contas (art. 13, § 3º, da resolução). A publicidade das contas bancárias é parte do processo que visa dar acesso público a elas ainda durante o pleito, e serve de contraponto às informações tempestivas declaradas pelo candidato durante a campanha, seja no relatório financeiro, seja nas contas parciais, seja no processo final de tomada de contas.
- **Padronização** – Os extratos bancários foram padronizados com um conteúdo mínimo exigido pelo sistema financeiro conforme norma do Banco Central do Brasil (Bacen). Além disso, extratos eletrônicos com esse conteúdo devem ser publicados na página de internet do Tribunal Superior Eleitoral (TSE) (art. 13, § 4º, da resolução).

- **Transparência ativa**[5] – É a forma de publicidade adotada com rigor pelo legislador. Tão logo sejam recebidos pela Justiça Eleitoral, os extratos eletrônicos padronizados serão disponibilizados para consulta pública na página do TSE na internet.
- **Prova negativa** – É a obrigatoriedade de abertura prévia da conta bancária de campanha, mesmo que ela não venha a ser movimentada. O extrato dessa conta faz prova material da ausência de movimentação (art. 8°, § 2°, da resolução).
- **Finalidade** – É o registro da movimentação dos recursos arrecadados, marcados pelo múnus público, documentando-se sua origem e seu destino. Também é utilizada para a verificação do limite de gastos (art. 4° da resolução) no conjunto de contas.
- **Segregação** – As contas bancárias destinadas à campanha eleitoral têm finalidade legal especifica, exigindo a segregação dos recursos, separando-os por sua **natureza diferenciada**, por fonte e origem. É proibida a movimentação centralizada, ainda que temporária ou transitória.
- **Distintas e específicas** – É a vedação expressa de movimentação de recursos em conta estranha a sua natureza. Assim, a movimentação nas contas deve ser específica (art. 9° da resolução), sendo vedada a transferência de recursos entre contas cujas fontes têm naturezas distintas (art. 9°, § 2°, da resolução).
- **Nomenclatura** – Apesar da tendência de se identificarem as contas conforme a finalidade, o que ocorre, na prática (art. 13, § 1°,

---

5   *Os extratos eletrônicos, por si próprios, não garantem a transparência para o acompanhamento dos legitimados – partidos e candidatos – em razão da demora de sua remessa, que pode chegar a 45 dias em relação ao fato gerador, ou seja, a transparência viria somente após a eleição. Disso decorre a necessidade de o candidato emitir o **relatório financeiro** em 72 horas, para garantir a tempestividade do acompanhamento e o controle social.*

Alexandre Di Pietra | Raquel Maria Ferro Nogueira

da resolução), é a nomenclatura das contas de acordo com o nome constante do CNPJ fornecido pela SRFB (art. 10, § 1º, da resolução). Após a abertura, a definição de sua função é feita pelo gestor da campanha ao registrá-la no Sistema de Escrituração de Contas Eleitorais (SPCE).

- **Função** – Além de garantir a transparência, as contas bancárias servem à segregação dos recursos por finalidade em contas **distintas e específicas**, em razão da finalidade legal (natureza).

- **Utilização** – Mantendo ou garantindo a segregação, a conta bancária descreve cronologicamente os atos de extinção das obrigações eleitorais assumidas.

- **Multiplicidade** – A norma eleitoral não impõe um limite quantitativo para o número de contas com a mesma finalidade ou natureza, respeitada a segregação. Essa regra pode ser bem-vinda para o planejamento estratégico de campanhas.

- **Integralidade** – A norma eleitoral impõe que candidatos e partidos apresentem a movimentação integral das contas, ou seja, todas as ações desde a abertura até o encerramento da conta bancária, não sendo admitido nenhum corte temporal (art. 8º, § 5º, da resolução).

- **Encerramento compulsório** – Na falta do candidato, o banco deverá destinar os saldos eventualmente existentes, encerrando essas contas de forma compulsória (art. 12, inciso IV, da resolução).

Frisamos que não basta a criação de uma estrutura de contas **segregadas e distintas**, pois a norma jurídica impõe que, durante a movimentação, também seja respeitada a natureza dos recursos, ou seja, a utilização deve ser realizada de acordo com a segregação e conforme as características das contas, mantendo-se os recursos em contas separadas até o encerramento. O texto normativo não é didático; muito pelo contrário, a ausência de uma nomenclatura estruturada faz confundir até mesmo os mais experimentados.

O tema, quando estudado com os detalhes de **abertura das contas**, pode gerar ainda mais dificuldade, muito em razão da potencial participação dos partidos, que poderão atuar na gestão da campanha, agregando ao conjunto contas que nem sempre estão abertas.

A resolução eleitoral deixa de apresentar uma estrutura objetiva sobre isso, dando margem ao erro do intérprete. Por isso, propomos a classificação mostrada no quadro a seguir, no qual o gênero é a conta bancária específica, conforme dispõe a lei, desdobrada em suas espécies.

Quadro 3.1 – Contas bancárias específicas

Gênero	Contas bancárias específicas (finalidades)	Titular	Abertura	Encerrar
Espécie	Doações para campanha – art. 8º, parágrafo 1º, inciso I	Candidato	Obrigatória	Sim
	Fundo Especial de Financiamento de Campanha (FEFC) – art. 13, parágrafo 1º		Facultativa	Sim
	Fundo Partidário (FP) – art. 13, parágrafo 1º		Facultativa	Sim
	Doações para campanha – art. 8º, parágrafo 1º, inciso II*	Partido	Obrigatória	Não (perene)
	FEFC		Facultativa	Sim
	FP** art.19 art. 43 da Lei n. 9.096, de 19 de setembro de 1995 (Brasil, 1995b)		Facultativa	Não (perene)

* Perene: a finalidade é a arrecadação de recursos eleitorais no partido.

** Perene: a finalidade é a manutenção do partido.

Alexandre Di Pietra | Raquel Maria Ferro Nogueira

Note-se que a campanha é realizada com um conjunto de contas bancárias distribuídas entre o candidato e seu partido: doações, fundo eleitoral e fundo partidário.

Observe-se, também, que há uma repetição óbvia das mesmas finalidades ou funções das contas, entre o candidato e seu partido. Isso ocorre para que se mantenha a separação por natureza exigida por lei, comunicando-se entre si apenas as contas de mesma natureza.

Uma vez identificadas as contas bancárias, apresentaremos, a seguir, breves comentários sobre as contas dos candidatos e dos partidos.

3.1.1.1 Contas do candidato

A conta "Doações para campanha", título que declara sua finalidade, inaugura a lista por simbolizar, de forma leiga, todas as demais, detalhe que pode confundir seu entendimento.

As **contas do candidato** relativas aos fundos eleitoral (FEFC) e partidário (FP) somente serão obrigatórias em razão da efetiva movimentação desses recursos.

Diante da incerteza da movimentação ou não desses recursos, muitos adotam a prática de se requerer a abertura dessas contas facultativas juntamente com a conta obrigatória, logo de início, evitando, assim, voltar ao banco com demanda semelhante já no curso da campanha.

Ainda sobre as contas do candidato, é dever enumerar as outras possibilidades que, de alguma forma, estejam relacionadas ao candidato, mas que, por razões eleitorais de transparência, estão abrangidas na prestação de contas e obrigadas a ela.

O renunciante, o desistente, o substituído e o indeferido estarão dispensados da obrigação de abertura da conta bancária somente quando deixarem a condição de candidato antes do prazo de sua abertura.

Denominamos esses casos de *dispensas condicionadas*, uma vez que o candidato que deixar essa condição antes do prazo de abertura das contas, que é de 10 dias contados da concessão do CNPJ[6], estará dispensado dessa obrigação.

Entretanto, uma vez aberta a conta, mesmo sem movimento, como prova negativa, será exigida a respectiva prestação de contas.

Vice e suplente

Facultativamente, o vice e o suplente poderão abrir e movimentar contas de doações para campanha (art. 2-A), figurando como "responsáveis" no requerimento de abertura. Sujeitando-se às mesmas regras e obrigações, entretanto, a prestação de contas é do titular da candidatura. Com isso, outro aspecto deve ficar claro: a norma eleitoral não impõe limitação para o quantitativo de contas com a mesma finalidade.

Pré-candidato (financiamento coletivo)

O pré-candidato não terá conta bancária eleitoral, e os recursos arrecadados com essa finalidade, no período autorizado, ficarão retidos em conta civil de posse da empresa contratada para operacionalizar a arrecadação eleitoral por meio do mecanismo de financiamento coletivo.

Somente após sua qualificação como candidato, com a abertura da conta de "doações para campanha", tais recursos serão vertidos para ela, cumprindo-se todas as exigências legais e regulamentares.

---

6   *Também se pode dizer que são os casos de CNPJ de natimortos.*

Alexandre Di Pietra | Raquel Maria Ferro Nogueira

3.1.1.2 Contas do partido

Ainda não tratamos da **conta ordinária do partido**, que é utilizada para a movimentação de recursos destinados à manutenção do partido, ou seja, os recursos não eleitorais. A conta ordinária do partido não se comunica com a conta de doações do candidato. Haverá um procedimento específico para viabilizar essa operação financeira[7].

Com base no quadro apresentado, duas das três **contas do partido** são perenes, isto é, a princípio, não serão encerradas. Com isso, o partido poderá chegar à eleição seguinte já tendo realizado a abertura e a movimentação nas contas do fundo partidário (facultativa) e da conta de doações para a campanha (obrigatória).

Doações para a campanha: o nome que declara sua função

Essa conta é exigida dos partidos não só para a movimentação durante as eleições, mas também em razão das eleições, ou seja, a qualquer tempo, o partido poderá receber recursos destinados às eleições futuras, e esses valores não se confundem com recursos ordinários doados ao partido. Muitos imaginam que a doação eleitoral seja restrita ao ano eleitoral e isso se dá em razão da regra de verificação do limite do doador.

Entretanto, recursos doados em eleições anteriores, isto é, sobras de campanha de candidatos transferidas compulsoriamente para o partido, podem ser aplicados nas eleições seguintes, cumprindo-se a verificação do limite do doador no ano da eleição (aplicação), impactando a capacidade de doação dos recursos pessoais auferidos no ano imediatamente anterior.

---

7   *É a "aplicação" prevista no art. 18 da resolução em tela, que deve seguir os requisitos específicos descritos na norma regulamentadora.*

Cabe ainda entender que qualquer outro recurso doado ao partido, por pessoas físicas, filiadas ou não, sem a **intenção eleitoral**, estará depositado na **conta ordinária do partido** e, para ser utilizado em campanha, necessariamente será transferido para a conta com essa finalidade[8].

Quanto à utilização do Fundo Partidário
Se houver recursos do FP a serem aplicados ou transferidos para a campanha e a vontade política dos dirigentes, o partido deverá utilizar a mesma conta bancária destinada à movimentação do fundo partidário nas operações do dia a dia (art. 43 da Lei n. 9.096/1995).

É certo que, em muitas localidades, ainda não se faz o uso dos recursos do FP; entretanto, há na norma um pressuposto de que o partido conheça e cumpra as regras de sua utilização.

Dentre elas, destacamos a segregação contábil (art. 11 da Resolução Eleitoral), uma vez que a conta bancária é a mesma. Por isso, cumpre à contabilidade demonstrar em separado a utilização dos recursos na campanha, cabendo-lhe também outra regra que é o **espelhamento da campanha**[9] nas contas anuais do partido, separando-o da movimentação ordinária.

3.1.2 Gestor financeiro

Tendo sido designado ou não um gestor financeiro para a campanha, as responsabilidades, conforme já explicitamos, são do candidato e indelegáveis. Logo, não havendo gestor ou tesoureiro, as tarefas serão executadas pelo próprio candidato.

---

8   *Idem à nota anterior.*
9   *Regra contábil do art. 20 da resolução.*

Entretanto, é altamente recomendável a designação de um gestor para as tarefas financeiras em razão da necessidade de segregação das funções. O gestor ou tesoureiro tem de atuar de forma clara e incisiva na execução das ações ligadas às contas bancárias. Entre elas, inicialmente, está a abertura das contas, oportunidade para a regularização de sua atuação.

3.1.2.1 Abertura e encerramento das contas

Dos três pré-requisitos[10] para o início da campanha, a abertura das contas é o segundo e último a depender de terceiros, no caso, a instituição bancária, daí sua importância.

Compete ao gestor financeiro da campanha providenciar a abertura das contas bancárias do candidato, ajustando sua representação e dos demais profissionais envolvidos, se for o caso.

Nessa tarefa, ele deverá seguir as diretrizes definidas na Resolução Eleitoral, nos arts. 8º, 9º e 10, bem como as diretrizes do Bacen, constantes no Comunicado n. 35.979, de 28 de julho de 2020 (Brasil, 2020a), cujo conteúdo pode ser atualizado em nova publicação.

A conta bancária deve ser aberta em agências bancárias, postos de atendimento bancário ou por meios eletrônicos (art. 8º, § 1º).

Inicialmente, deve ser providenciada a abertura da conta bancária "de campanha", também chamada de **conta bancária específica**, que simbolizará o início da campanha para o candidato, e que é um pré-requisito para o recebimento das **doações eleitorais**[11]. Entretanto, por razões práticas, recomenda-se que seja requerida também a abertura das demais contas facultativas.

---

10 *O primeiro é a concessão compulsória do CNPJ eleitoral, e o terceiro é a aptidão para a emissão de recibos eleitorais, que hoje é simbólico, em razão da dispensa oportunizada pelos extratos eletrônicos.*

11 *Essa é uma das 22 situações de arrecadação.*

A Resolução Eleitoral define a utilização do Requerimento de Abertura de Conta (RAC) para solicitar ao banco a abertura das contas, juntando a ele o comprovante do CNPJ eleitoral, indicando-se o nome social do CNPJ (art. 10, § 1º) e o responsável pela movimentação, o que, na prática, pode ser a procuração dada ao gestor financeiro e às demais pessoas (representantes, mandatários ou prepostos), acompanhada dos documentos de identificação pessoal (art. 10, § 2º), na forma das instruções do Bacen – Registro Geral (RG), Cadastro de Pessoa Física (CPF) e comprovante de endereço atualizado compatível com o endereço informado no RAC (art. 10, §§ 3º e 4º). Recomenda-se que esse procedimento seja **revisado** minuciosamente, principalmente os endereços informados.

Ao ser entregue no banco, o procedimento deve ser **protocolizado** em razão do prazo de 10 dias para o candidato abrir a conta obrigatória (de doações) e do prazo de 3 dias para o banco conceder a abertura (art. 10, § 6º). Uma eventual **recusa** ou **embaraço da instituição** sujeita o responsável ao disposto no art. 347 do Código Eleitoral (Lei n. 4.737, de 15 de julho de 1965), *in verbis:*

> Art. 347. Recusar alguém cumprimento ou obediência a diligências, ordens ou instruções da Justiça Eleitoral ou opor embaraços à sua execução:
>
> **Pena** – detenção de três meses a um ano e pagamento de 10 a 20 dias-multa. (Brasil, 1965, grifo do original)

A documentação exigida para a abertura das demais contas facultativas poderá ser dispensada a critério da instituição (art. 10, § 5º), verificado o sucesso da abertura da conta inicial de "doações para campanha" e estabelecido o relacionamento entre o candidato e a instituição bancária.

Alexandre Di Pietra | Raquel Maria Ferro Nogueira

A legislação inovou e acrescentou a possibilidade de abertura de conta bancária digital, oferecendo, com isso, mais uma opção para o candidato ou para o partido político.

Entendemos que essa nova possibilidade de abertura de conta bancária poderá agilizar o procedimento, o que, até agora, depende da pouca atenção das agências bancárias.

Os bancos representam uma importante participação do Sistema Financeiro Nacional (SFN) nas eleições. Por meio da contribuição dos bancos, foi possível viabilizar a segregação dos recursos com a abertura obrigatória e o encerramento compulsório das contas, bem como a produção de informações auditáveis eletronicamente e o reconhecimento biométrico pela coleta da assinatura do candidato, evitando-se, assim, contas fantasmas.

O art. 12 da resolução, cuidadosamente, impõe obrigações aos bancos, reproduzindo a imposição legal:

*Art. 22. É obrigatório para o partido e para os candidatos abrir **conta bancária específica** para registrar todo o movimento financeiro da campanha.*

§ 1º Os bancos são obrigados a:

*I – acatar, **em até três dias**, o pedido de abertura de conta de qualquer candidato escolhido em convenção, sendo-lhes vedado condicioná-la a depósito mínimo e à cobrança de taxas ou de outras despesas de manutenção;* (Brasil, 1997, grifo nosso)

Frisamos que a lei impõe regras também ao SFN, garantindo a abertura das contas independentemente das condições de "mercado", a gratuidade de taxas e o depósito mínimo, tudo sempre em razão do **múnus público** relativo à eleição e sob pena de desrespeito à lei.

Respeito ao tríduo legal (art. 12, inciso I)

As instituições financeiras são obrigadas a acatar o pedido de abertura das contas em três dias úteis, sem qualquer exigência, vedada a cobrança de taxas ou de outras despesas de manutenção (gratuidade). O vencimento do prazo não desobriga os bancos (art. 12, § 4º).

É o que determina a Lei n. 13.165, de 29 de setembro de 2015 (Brasil, 2015b), ao impor obrigação para o SFN, conforme a redação dada pelo art. 22, parágrafo 1º, da Lei n. 9.504/1997, a Lei das Eleições.

Serviços avulsos: taxas (art. 12, § 2º)

A gratuidade das contas bancárias não alcança as demais taxas e despesas normalmente cobradas pelos serviços bancários avulsos na forma disciplinada pelo Bacen.

Fiscalização

Outra exigência aos bancos é a **identificação da origem**, pelo registro do CPF ou do CNPJ, e respectivos nomes nos extratos bancários, mediante o envio dos **extratos eletrônicos** (art. 13) no prazo de 15 dias do encerramento de cada mês, sujeitando o responsável ao disposto no já mencionado art. 347 do Código Eleitoral (art. 12, inciso II, §§ 3º, 5º e 6º).

Encerramento compulsório das contas: candidatos

Os bancos são obrigados a encerrar as contas bancárias dos candidatos destinadas à movimentação de recursos do FP e de doações para campanha no fim do ano da eleição, transferindo a totalidade do saldo existente para a conta bancária do órgão de direção da circunscrição, na forma prevista no art. 51 da Resolução Eleitoral, e informar o fato à Justiça Eleitoral (art. 12, inciso III).

Alexandre Di Pietra | Raquel Maria Ferro Nogueira

Muitos bancos cumprem uma regra que não existe, e isso se dá em razão da nomenclatura da conta, porque a expressão *doações para campanha*, utilizada no inciso III, faz referência à função e à utilização da conta. Entretanto, a mesma expressão foi utilizada para denominar a conta "de campanha" do partido no parágrafo 1º do art. 12 e em vários outros.

> *Art. 12. [...]*
>
> *§ 7º A conta bancária «Doações para campanha» dos partidos políticos possui caráter permanente e não deve ser encerrada no fim do período eleitoral.* (Brasil, 2019c)

Os bancos são obrigados a encerrar a conta do FEFC que, eventualmente, possa existir no patrimônio eleitoral dos candidatos e dos partidos. Sabe-se que, na esfera municipal, nem todos os partidos serão contemplados pelas regras de distribuição a serem definidas por sua respectiva diretoria nacional (art. 12, inciso IV).

3.1.3 AS TAREFAS DA TESOURARIA

A movimentação das contas bancárias é também denominada *operações de tesouraria*, e consiste na efetivação das operações financeiras de arrecadação e na aplicação de recursos (gastos eleitorais) que representam entradas e saídas de fundos financeiros no patrimônio eleitoral do candidato.

O tesoureiro é o profissional que realiza um conjunto de tarefas de tesouraria como cuidar das contas, arrecadar recursos (controlar as doações), emitir recibos, verificar saldos e documentar as operações.

A tarefa de arrecadar recursos depende da simpatia por parte do doador em favor da campanha do candidato e pode ser descrita pelo seguinte fluxo:

- aproximação do interessado;
- obtenção de informações para doação nas respectivas contas do candidato;
- autoverificação da capacidade de doação;
- efetivação da operação financeira;
- constatação da entrega do recurso (extrato);
- aceitação ou recusa da doação – Recursos de Fontes Vedadas (RFV) e Recursos de Origem Não Identificada (Roni);
- registro contábil em favor do patrimônio eleitoral;
- gastos eleitorais comprometendo o limite;
- prestação de contas.

Outra tarefa que deve receber destaque é a de "controle do disponível", ou melhor, do saldo disponível para o gasto eleitoral.

O valor disponível para o gasto eleitoral é igual ou menor do que o saldo verificado na respectiva conta, e isso ocorre em razão dos Roni e dos RFV.

O levantamento do disponível é uma das atividades mais relevantes para a gestão financeira e implica um minucioso teste quanto à possibilidade de os recursos serem identificados e, depois, quanto a sua procedência, de modo que se verifique se são permitidos ou vedados.

3.1.4 Formas de arrecadação (tesouraria)

Este é um dos pontos de maior tensão; poucos compreendem a realidade normativa e suas consequências objetivas, envolvendo a devolução ou a perda de recursos, a multa e o julgamento pelo impacto sobre a regularidade das contas.

A norma eleitoral descreve formalmente a conduta esperada do candidato, estabelecendo, com isso, o padrão de regularidade.

A irregularidade em matéria financeira deriva da falta de identidade entre a norma e a conduta praticada pelo candidato.

3.1.4.1 Doações

A Resolução Eleitoral define os meios de se arrecadarem os recursos eleitorais, denominando-os simplesmente de *doações* (art. 21, incisos I, II e III), sejam financeiros, sejam econômicos (estimáveis), vedando o uso de moedas virtuais (art. 21, § 6º).

Com o fim de sistematizar o entendimento, reunimos os quatro **meios de arrecadação** declarados no texto normativo, de acordo com os referidos fundamentos normativos da resolução, quais sejam:

1. doações por transação bancária (financeiras) – art. 21;
2. doações por financiamento coletivo por meio de *site* da internet – arts. 22 a 24;
3. doações por operações eletrônicas por meio de *site* da internet – art. 26;
4. doações estimáveis em dinheiro (econômicas) – art. 25 – subdivididas em:

- cessão temporária de bens, se proprietário;
- doação de serviços, se próprios.

Os meios eletrônicos também representam transações bancárias que irão se consumar por ocasião do efetivo depósito na conta bancária do candidato.

Essa enumeração não contempla todas a **situações de arrecadação** que já comentamos no Capítulo 1, a exemplo das aplicações diretas e das transferências de outros partidos e candidatos. Assim, o mais apropriado seria denominá-las *formas de arrecadação*.

Doações por transação bancária (art. 21, § 1º)

São exemplos desse tipo de doação:

- depósito até R$ 1.064,09[12];
- transferência de valor igual a R$ 1.064,10 ou superior;
- cheque cruzado e nominal de valor igual a R$ 1.064,10 ou superior;
- doação por meio de pix, de qualquer valor.

Doações por financiamento coletivo por meio de site da internet (arts. 22 a 24)

Em apertada síntese, uma empresa intermediaria irá "atender" ao doador em lugar do pré-candidato, que terá acesso aos recursos somente com a abertura da conta de "doações para campanha" que marca o efetivo início da arrecadação.

Esse tipo de doação segue as mesmas regras da doação direta ao candidato, mas tem a possibilidade de se iniciar antecipadamente, em 15 de maio do ano eleitoral (art. 22, § 4º), em virtude das comodidades oferecidas pela tecnologia, como horário, lugar, valor e relacionamento flexíveis, entre outras características.

Entretanto, é necessário elaborar o recibo civil, que deve reunir as mesmas informações do recibo eleitoral e a mensagem relativa ao **limite de doação**, mas não é exigida a assinatura.

A transferência dos recursos doados, que podem estar em conta intermediária ou não, deverá ser analítica, identificando-se os CPFs dos doadores, e pelo valor bruto, deduzidas as despesas (taxas do serviço), que passam a ser "despesas de campanha".

---

12 *Vedadas as operações sucessivas de um mesmo doador como forma de burlar o limite (art. 21, § 2º).*

Doações por operações eletrônicas por meio de site da internet (art. 26)
São exemplos desse tipo de doação:

- operações financeiras na **internet** por meio de cartão de crédito ou debito;
- operações financeiras por **aplicativos** (apps);
- operações financeiras por outros recursos **similares** (meios eletrônicos).

Doações estimáveis em dinheiro (econômicas) (art. 25)
Essas doações têm forma jurídica e natureza econômica, ou seja, são realizadas essencialmente **por meio de documentos** emitidos para acobertar a operação, e a natureza econômica faz alterar o patrimônio eleitoral do candidato sem passar pela conta bancária. São exemplos desse tipo de doação:

- **cessão temporária de bens**, se proprietário; e os documentos proporcionam a transferência temporária de direitos;
- **cessão de serviços**, se próprios; e os documentos estabelecem a fruição dos benefícios de serviços ligados às atividades pessoais do doador.

3.1.4.2 Recibos eleitorais

O recibo eleitoral é o meio de comprovação da arrecadação, exigido por lei. Isso significa que a lei define objetivamente como deve ser comprovada cada doação arrecadada.

Figura 3.1 – Recibo eleitoral

RECIBO ELEITORAL – VIA DOADOR			ELEIÇÕES 2022	
CNPJ	Unidade Eleitoral		Numeração	
Número e Nome do candidato/Partido (nível de direção)				
Dados bancários do Doador				
Nº Banco | Nº Agência	Nº Conta-corrente		Nº Cheque | Nº DOC/TED/Operação	
Estimável em dinheiro – descrição resumida dos bens/serviços recebidos em doação				
Outra forma de arrecadação – descrição do tipo				
Valor em R$	Valor por extenso			
Doação efetuada por:			CPF/CNPJ	
Nome do doador originário (Se o doador for partido ou candidato)			CPF/CNPJ do doador originário	
Nome do responsável pela emissão do recibo		CPF do responsável pela emissão do recibo		
Assinatura do responsável pela emissão do recibo		Data da emissão do recibo		

As doações de pessoas físicas limitadas a 14% dos rendimentos brutos auferidos pelo doador no ano anterior à eleição (Lei nº 9.504/1997, art. 23, § 1º).

O Limite previsto anteriormente não se aplica a doações estimáveis em dinheiro relativas à utilização de bens móveis ou imóveis de propriedade do doador ou à prestação de serviços próprios, desde que o valor estimado não ultrapasse R$ 40.000,00 por doador (Lei nº 9.504/1997, art. 23, § 7º).

A doação de quantia acima desses limites sujeita o infrator ao pagamento de multa no valor de até 105% da quantia em excesso, sem prejuízo de responder o candidato por abuso de poder econômico, nos termos do art. 22 da Lei Complementar nº 64/1998 (Lei nº 9.504/1997, art. 23, § 3º).

Emissão válida até 02/10/2022 para o 1º turno e, no caso de 2º turno, até o dia 30/10/2022.

Colabore com a Justiça Eleitoral, informe sua doação de campanha no endereço: http://www.tse.jus.br

RECIBO ELEITORAL – VIA CANDIDATO(A)			ELEIÇÕES 2022	
CNPJ	Unidade Eleitoral		Numeração	
Número e Nome do candidato/Partido (nível de direção)				
Partido Político				
Dados bancários do Doador				
Nº Banco | Nº Agência	Nº Conta-corrente		Nº Cheque | Nº DOC/TED/Operação	
Estimável em dinheiro – descrição resumida dos bens/serviços recebidos em doação				
Outra forma de arrecadação – descrição do tipo				
Valor em R$	Valor por extenso			
Doação efetuada por:			CPF/CNPJ	
Endereço do doador				
Assinatura do doador		Telefone do doador (com DDD)		
Nome do doador originário (Se o doador for partido ou candidato)			CPF/CNPJ do doador originário	
Nome do responsável pela emissão do recibo		CPF do responsável pela emissão do recibo		
Assinatura do responsável pela emissão do recibo		Data da emissão do recibo		

Emissão válida até 02/10/2022 para o 1º turno e, no caso de 2º turno, até o dia 30/10/2022.

Fonte: Elaborado com base em Brasil, 2022.

Alexandre Di Pietra | Raquel Maria Ferro Nogueira

No passado, a regra determinava a obrigatoriedade de emissão, mas hoje tal obrigatoriedade está mitigada em razão do conjunto de qualidades positivas relativas à "conta bancaria eleitoral", e, assim, os recibos financeiros passaram a ser dispensados; logo, são facultativos.

O texto da resolução contém uma aparentemente regra geral ao mencionar a obrigação de emissão dos recibos eleitorais para **toda e qualquer arrecadação**, o que não é uma verdade, pois os incisos indicados no texto não cobrem todas as possibilidades como meio/ forma ou situação de arrecadação:

> *Art. 7º Deverá ser emitido recibo eleitoral de toda e qualquer arrecadação de recursos:*
>
> *I – estimáveis em dinheiro para a campanha eleitoral, inclusive próprios; e*
>
> *II – por meio da internet (Lei nº 9.504/1997, art. 23, § 4º, III, "b").* (Brasil, 2019c)

Ao contrário da ideia de obrigatoriedade geral do *caput*, a resolução condiciona a emissão do recibo eleitoral somente a duas situações de arrecadação:

1. todo e qualquer recurso **estimável em dinheiro;**
2. todo e qualquer recurso arrecadado **por meio da internet.**

Ressaltamos que a dispensa foi dada pelo texto do parágrafo 1º do art. 7º da resolução, que afasta a obrigatoriedade de emissão de recibos nas **situações de arrecadação de doações financeiras por meio bancário**, definindo a forma de comprovação.

> *Art. 7º [...]*
>
> *§ 1º As doações financeiras devem ser comprovadas, obrigatoriamente, por meio de documento bancário que identifique o CPF/CNPJ dos doadores, sob pena de configurar o recebimento de recursos de origem não identificada de que trata o art. 32 desta Resolução.* (Brasil, 2019c)

Com isso, é possível afirmar que não existe lógica pra as regras de emissão de recibos, pois eles não seguem qualquer classificação.

O recibo eleitoral não é exigido para a situação de arrecadação **de doações financeiras por meio bancário**. Adota-se, nesse caso, o extrato eletrônico da conta bancária específica como forma de comprovação e documentação.

O boleto bancário é uma forma de arrecadação vinculada ao meio bancário; logo, dispensado de recibo eleitoral. Pode ser considerado um aditivo contratual tácito, proposto pelo credor, muitas vezes de forma unilateral, para impor uma forma de pagamento vinculada à satisfação do crédito em razão de suas características jurídicas. Entretanto, o boleto sempre recebeu a adesão do devedor, de forma espontânea, ou seja, sem a assinatura de qualquer termo aditivo ou apostilamento.

A chave pix é outra forma de arrecadação vinculada ao meio bancário. Foi a novidade das eleições de 2022. O pix é um meio de pagamento ou de transferência; logo, permite o recebimento, pelo candidato, de recursos financeiros em qualquer hora do dia, em todos os dias da semana. Para tanto, a chave pix deve ser cadastrada na conta do candidato e funcionará como um apelido dessa conta, no banco ou na instituição em que ele possuir conta.

O pix é realizado a partir da conta corrente, da conta poupança ou da conta de pagamento do doador, identificando-o. A chave pix informa o banco, a agência e a conta do receptor, necessários para se receberem recursos no sistema bancário. Nisso, o pix se assemelha aos boletos, inclusive como aceitação tácita da forma de pagamento e da extinção da obrigação junto ao credor, mediante compensação.

Alexandre Di Pietra | Raquel Maria Ferro Nogueira

Doações financeiras por meio de página de internet

Trata-se de uma exceção porque obriga a emissão do **recibo eleitoral** para uma situação de arrecadação de doações financeiras que se utilizam da conta bancária, realizada por meio de página de internet.

Como conclusão, para a emissão de recibos das doações financeiras, há duas situações de arrecadação:

1. por meio bancário, boleto ou pix – recibo dispensado;
2. por meio de página de internet – recibo obrigatório.

3.1.4.3 Emissão dos recibos

A emissão dos recibos é ato de competência legal do candidato, ou seja, segue a legitimação das ações de arrecadação, como expusemos no Capítulo 1, na seção "Quem pode arrecadar". Assim, o vice e o suplente estão autorizados a arrecadar e podem ter contas bancárias próprias, mas fazem uso dos recibos do titular (art. 7º, § 8º), estando sujeitos às mesmas regras.

Art. 7º [...]

§ 8º Na hipótese de arrecadação de campanha realizada pelo vice ou pelo suplente, devem ser utilizados os recibos eleitorais do titular.
(Brasil, 2019c)

Reunimos, no quadro a seguir, as situações de arrecadação apontadas na Resolução Eleitoral (art. 7º) para evidenciar a emissão ou não dos recibos, que podem ser assim classificados: dispensados; facultativos; ou obrigatórios.

Quadro 3.2 – Emissão de recibos conforme a situação de arrecadação

Situações de arrecadação	Recibo eleitoral		Tesoureiro	Contador
Transação bancária (art. 21, §§ 1º e 2º)	Dispensado	Art.7º, parágrafo 1º	Não	Não
Transação por internet, aplicativos e similares (art. 26, inciso II)	Obrigatório	Art. 7º, inciso II	Automação	Não
Cessão temporária de bens, se proprietário (art. 25)	Obrigatório	Art. 7º, inciso I	Sim	Estimar
Cessão de bens móveis até R$ 4.000,00 por cedente	Facultativo	Art.7º, parágrafo 6º, inciso I	Sim	Estimar
Sede e material de propaganda	Facultativo	Art.7º, parágrafo 6º, inciso II	Sim	Estimar
Cessão de uso pessoal: próprio, do cônjuge ou de parentes de terceiro grau	Facultativo	Art.7º, parágrafo 6º, inciso III	Sim	Estimar
Doação de serviços, se próprio (art. 25)	Obrigatório	Art. 7º, inciso I	Sim	Estimar
III. Financiamento coletivo (arts. 22, 23 e 24)	Obrigatório	Art. 22, inciso IV	Automação	Não
IV. Transferência financeira (art. 29, § 3º)	Obrigatório	Art. 29, parágrafo 3º, e art. 7º, *caput*	Sim	Não
V. Transferência estimável (art. 25, § 3º)	Obrigatório	(Art.7º, inciso I)	Sim	Não

Fonte: Elaborado com base em Brasil, 2019c.

Alexandre Di Pietra | Raquel Maria Ferro Nogueira

Ao contrário do senso comum, pela análise do quadro apresentado, notamos que o tesoureiro é chamado para emitir recibos nas situações de doações estimáveis, nas quais será assessorado pelo contador sempre que houver dúvida quanto ao valor de mercado. Este deve encaminhar o pedido de estimativa dos valores doados (valoração).

Assim é porque os recibos obrigatórios, nas situações de **arrecadação por internet, aplicativos e similares,** serão emitidos de forma eletrônica. Entretanto, eventualmente poderá ocorrer a necessidade de interferência manual pelo tesoureiro. A mesma situação irá ocorrer na situação de arrecadação por financiamento coletivo.

Outrossim, nas doações recebidas com o uso de cartão de crédito (art. 7º, § 5º), o recibo eleitoral deverá ser emitido no ato da doação, conforme expresso na Lei n. 9.504/1997, art. 23, parágrafo 4º, inciso III, alínea b (Brasil, 1997).

Note que a norma admite tanto o uso de equipamento físico de cartão (maquininha) quanto o uso de dispositivos adicionados às páginas da internet e, ainda, por outros meios, por exemplo, os aplicativos para celulares.

Deve haver um cuidado especial na arrecadação com o uso de cartão de crédito ou débito, que impõe a necessidade de um rigoroso controle, pois poderão ocorrer situações como estorno, desistência ou não confirmação da despesa do cartão.

Pela internet, o recibo de doação deverá ser emitido no ato da doação quando se tratar de pagamento via cartão de crédito (ou débito), e deverá ser cancelado nos casos de não efetivação.

No caso dos recibos obrigatórios, há outra exigência legal. Dadas a relevância e a necessidade de divulgação da "regra do limite do doador", a Justiça Eleitoral exige que cada recibo eleitoral emitido contenha a "mensagem de advertência ao doador", conforme o art. 7º, parágrafo 9º, da Resolução Eleitoral, quanto à existência do **limite de doação**. Essa mensagem deve dar um alerta ao doador sobre a aplicação de multa de até 100% (cem por cento) do valor excedente, conforme o exemplo exposto na Figura 3.2.

Figura 3.2 – Modelo de texto para a mensagem no recibo

> A Justiça Eleitoral adverte!
>
> Atenção ao limite do doador: Doação eleitoral acima de 10% dos ganhos auferidos no ano anterior (IRPF) poderá gerar a aplicação de multa de até 100% (cem por cento) do valor do excesso.

Outro cuidado que se deve ter na emissão dos recibos refere-se ao uso obrigatório dos sistemas utilizados e ao prazo de emissão dos recibos.

No caso dos **candidatos**, é obrigatório o uso do **sistema SPCE** para a elaboração do recibo, quando necessário, tanto para o preenchimento quanto para a consequente impressão. O sistema do TSE/SPCE é o meio oficial de se obter o recibo eleitoral (art. 7, § 2º). O prazo em que o recibo do candidato deve ser emitido é concomitante ao recebimento da doação (art. 7º, § 4º).

No caso dos **partidos políticos**, é obrigatório o uso do **sistema de contas anuais (SPCA)** (art. 7, § 3º), destinando o recurso para a conta específica, ou seja, doações para campanha. Tal informação corrobora o entendimento de que o partido pode arrecadar recursos com a finalidade eleitoral fora do período eleitoral. Quanto ao prazo, os órgãos partidários de qualquer esfera devem emitir, no máximo em cinco dias contados do crédito na conta bancária, o recibo de doação, conforme art. 11 da Resolução n. 23.604, de 17 de dezembro de 2019 (Brasil, 2019b), a Resolução dos Partidos.

Alexandre Di Pietra | Raquel Maria Ferro Nogueira

Por fim, os recibos eleitorais deverão ser emitidos em ordem cronológica de acordo com o recebimento da doação (art. 7°, § 4°). Isso quer dizer que, nas doações estimáveis, os recibos obrigatórios serão emitidos nas datas em que ocorrerem os atos de doação ou de cessão, sendo reconhecidos contabilmente e comprovados pelos documentos emitidos.

Com isso, se houver arrecadação paralela por meio da internet ou de outros meios, o instituto da ordem cronológica exige que seja intercalada a emissão dos recibos estimáveis, pois estes deverão constar no tríduo (72 horas) que antecede a emissão do relatório financeiro. Do contrário, opera-se a perda da oportunidade de emissão dos recibos nas datas adequadas.

Há ainda um ponto de reflexão concernente às situações de emissão facultativa do recibo, o que ocorre em razão de uma divergência na interpretação da Resolução Eleitoral quanto ao registro contábil.

A resolução faculta a emissão de recibos eleitorais nas situações de arrecadação de **doações estimáveis em dinheiro** recebidas apenas em três hipóteses (art. 7°, § 6°, incisos I, II e III): (1) a cessão de bens de pequeno valor; (2) as doações entre candidatos e partidos; e (3) os automóveis para uso pessoal.

Art. 7° [...]

*§ 6° É **facultativa** a emissão do recibo eleitoral previsto no caput nas seguintes hipóteses:*

I – Cessão de bens móveis, limitada ao valor de R$ 4.000,00 (quatro mil reais) por cedente;

*II – Doações estimáveis em dinheiro entre candidatos e partidos políticos decorrentes do uso comum tanto de sedes quanto de **materiais de***

propaganda *eleitoral, cujo gasto deverá ser registrado na prestação de contas do responsável pelo pagamento da despesa; e*

III – cessão de automóvel de propriedade do candidato, do cônjuge e de seus parentes até o terceiro grau para seu uso pessoal durante a campanha. (Brasil, 2019c, grifo nosso)

Entretanto, a norma regulamentadora não dispensa a escrituração dessas operações, tanto nas contas dos doadores quanto nas contas dos beneficiários.

Art. 7º [...]

*§ 10. A dispensa de emissão de recibo eleitoral prevista no § 6º deste artigo não afasta a **obrigatoriedade de serem registrados** na prestação de contas dos doadores e na de seus beneficiários os valores das operações constantes dos incisos I a III do referido parágrafo, observado o disposto no art. 38, § 2º, da Lei nº 9.504/1997.* (Brasil, 2019c, grifo nosso)

Note-se que, no final, a norma cita a lei eleitoral que faz referência apenas ao material impresso; por isso, a seguir, transcrevemos o art. 38, parágrafo 2º da Lei n. 9.504/1997, com texto incluído pela Lei n. 12.034, de 29 de setembro de 2009 (Brasil, 2009):

Art. 38 [...]

*§ 2º Quando o **material impresso** veicular propaganda conjunta de diversos candidatos, os gastos relativos a cada um deles deverão constar na respectiva prestação de contas, ou apenas naquela relativa ao que houver arcado com os custos.* (Brasil, 1997, grifo nosso)

Ocorre que essa regra legal, quando é aplicada, resulta em uma prática contrária ao próprio ordenamento, pois, impede a utilização de uma lógica de auditoria e a criação de um mecanismo de batimento que seria possível pelo cruzamento das informações do doador e do beneficiário.

Isso ocorre porque a doação estimada dispensada de recibo favorece economicamente o beneficiário sem que o gasto equivalente lhe seja atribuído onere seu limite de gastos.

Essa situação se agravou com o estabelecimento do limite legal de gastos e do controle das aplicações mínimas relativas às campanhas femininas e de pessoas negras. Por sua vez, a espécie normativa "resolução eleitoral" é dotada de competência para impor o ajuste necessário à regra, evitando-se tal descompasso.

Conclui-se, então, que a dispensa do recibo como documento de comprovação não afasta a exigência de escrituração ou da informação em dois casos:

1. no registro da arrecadação da doação pelo candidato beneficiado;
2. no registro da despesa na prestação de contas do doador como gasto eleitoral.

Na linguagem da norma eleitoral, a faculdade de emissão dos recibos significa, tão somente, a dispensa do "comprovante", mas não dispensa a "comprovação", uma vez que se exige a escrituração contábil, analítica e detalhada

Para a ciência contábil, a norma afasta apenas a exigência de um documento, mas não a existência do fato econômico. Logo, há a obrigatoriedade do registro, normalmente observável pelo documento do **recibo**, exigindo-se outras formas de documentação.

Por conclusão, podem ocorrer as seguintes situações de arrecadação:

- Por meio bancário, boleto ou pix – recibo dispensado.
- Por meio de página da internet – recibo obrigatório.

- Estimável em dinheiro: demais fatos – recibo obrigatório.
- Estimável em dinheiro: cessão de bens móveis até R$ 4.000,00 por cedente – recibo facultativo.
- Estimável em dinheiro: sede e material de propaganda – recibo facultativo.
- Estimável em dinheiro: automóveis para uso pessoal próprio, de cônjuge ou de parentes até terceiro grau – recibo facultativo.

> **Perguntas & respostas**
>
> **A dispensa da emissão do recibo eleitoral e da apresentação do comprovante da doação desobriga também o registro da doação na prestação de contas?**
>
> Não. A dispensa da emissão do recibo eleitoral e da apresentação do comprovante da doação não afasta a obrigatoriedade de o beneficiário registrar em sua prestação de contas o valor da doação. No caso de compartilhamento de espaço físico e de material de propaganda conjunta, o responsável pelo pagamento da despesa (partido ou candidato) deverá registrar em sua prestação de contas o gasto e a doação estimável ao candidato ou ao partido beneficiário (art. 7º, § 10).

3.1.5 Formas de pagamento (tesouraria)

Os pagamentos são regulamentados, ou seja, a norma jurídica descreve como eles devem ser efetuados, pois são atos formais. Essa é a característica mais importante dos pagamentos.

Os gastos eleitorais de natureza financeira, ressalvados os de **pequeno vulto** previstos no art. 39, e os gastos de candidatos em

Alexandre Di Pietra | Raquel Maria Ferro Nogueira

circunscrição na qual não há agência bancária, conforme o disposto no parágrafo 4º do art. 8º da Resolução Eleitoral, só podem ser efetuados por meio de:

> *Art. 38 [...]*
>
> *I – cheque nominal cruzado;*
> *II – transferência bancária que identifique o CPF ou CNPJ do beneficiário;*
> *III – débito em conta;*
> *IV – cartão de débito da conta bancária; ou*
> *V – PIX, somente se a chave utilizada for o CPF ou o CNPJ.*

O pagamento de boletos registrados pode ser realizado diretamente por meio da conta bancária, com débito em conta, vedado o pagamento em espécie (art. 38, § 1º).

Essa regra evidencia a operação de pagamento para que a operação não impeça o conhecimento da origem (quem pagou o boleto) e do destino (quem recebeu o recurso).

Não pode ocorrer a perda desse liame com o desfazimento do vínculo da informação; por isso é vedado o saque para pagamento em dinheiro (diz-se "na boca do caixa").

Outra operação regulamentada é o pagamento de pequenas despesas, denominado **gasto de pequeno vulto**, que é a despesa individual de pronto reembolso com valor de até meio salário mínimo nacional (atualizável). O pagamento não pode ser de parcela ou de fração de uma despesa, pois isso caracterizará o **fracionamento**, que, nesse caso, significa tentativa irregular de burlar a regra formal (art. 40). Todos os gastos de pequeno vulto processados pelo fundo de caixa estão igualmente obrigados à comprovação, por meio de documento hábil.

Contabilmente, também é chamado *gasto eleitoral direto*, e é realizado segundo o regime de caixa; por isso, pode dispensar o registro no passivo em razão da certeza de sua ocorrência, tendo em vista o documento apresentado. Contudo, o gasto direto é objeto de controle ativo, na conta "Outros créditos: adiantamentos", constituindo fato permutativo do ativo quando houver a entrega do recurso e for baixado o valor pelo saldo do controle paralelo, na rotatividade ou na prestação de contas.

A tradição do bem, por exemplo, em um simples "cafezinho no balcão", esgota-se com o fornecimento logo após o pedido, seguido do pagamento, não havendo possibilidade de inadimplemento contratual de nenhuma das partes – nem na entrega do produto, nem na entrega da quantia certa, ou seja, o pagamento. Esse procedimento gera o controle contábil específico[13].

> **Importante!**
>
> **Gasto de pequeno vulto:** limite individual de cada gasto até R$ 300,00, por tipo/objeto de despesa.

A soma dos pagamentos na modalidade de gastos diretos foi limitada a 2% do gasto eleitoral total. Assim, a base de cálculo é dinâmica e aumenta proporcionalmente ao volume de gastos de campanha, constituindo um fundo de caixa. O fundo de caixa é um saque, ou seja, uma retirada, via cheque nominal ou cartão de débito, da **conta bancária específica** de campanha, para pagamento, em dinheiro (caixa), de despesas de pequeno vulto.

---

13 *Art. 35 da Resolução n. 23.463, de 15 de dezembro de 2015 (Brasil, 2015d).*

O total a ser sacado do banco é limitado a 2% do total de **gastos contratados** durante toda a campanha. Logo, esse limite é único e não se renova mensalmente. Os saques podem ir se complementando à medida que as contratações forem escrituradas.

Nesse ponto, convém fazer um alerta: é preciso ter muito cuidado com a **base de cálculo**, que é o total de gastos contratados, somente conhecido no final da campanha. Vale destacar que o vice e os suplentes estão autorizados à prática dos gastos de pequeno vulto pela Resolução n. 23.665, de 9 de dezembro de 2021 (Brasil, 2021a), que atualizou a Resolução Eleitoral.

A **comprovação** é o ato de apresentação de determinados documentos especificados na norma como provas materiais no procedimento tutelado administrativamente pela Justiça Eleitoral, como a exigência de requisitos formais, conforme dispõem os arts. 57 a 61, para comprovar a regularidade da operação, demonstrando a idoneidade do candidato e dos terceiros envolvidos nas operações.

O **documento fiscal idôneo** é o suporte fático para o lançamento contábil, e é necessário para a análise da operação na rotina de classificação e registro contábil (lançamento) (art. 60).

(3.2)
O CONTADOR NA CAMPANHA ELEITORAL

Sobre o significado da expressão *prestação de contas*, registramos uma mudança de paradigma. Hoje, ela reúne dois sentidos muito diferentes. Na acepção antiga e ultrapassada, ela remete à simples **remessa das contas** à Justiça Eleitoral, como detalharemos no Capítulo 4. O outro significado, mais atual, relaciona-se à **contabilidade eleitoral** e sua ciência. Isso quer dizer que é a presença do profissional da contabilidade aplicando as técnicas de registro contábil que confere o entendimento mais amplo da expressão. Afinal, é na escrituração que reside a necessidade de aplicação correta da lei e da resolução, bem como a premência do atendimento a todos os **princípios contábeis**. Esse é o diferencial.

Nesse passo, é a contabilidade que propicia o atendimento às normas que conferem a transparência concomitantemente ao pleito, entregando a informação tempestiva à sociedade brasileira. Logo, a prestação de contas é um conjunto que reúne a entrega das contas e a tempestiva escrituração contábil dos atos e dos fatos financeiros da campanha. Isso, porém, ainda não está claro para a maioria.

Na acepção antiga da expressão, ficavam excluídas a tempestividade e a concomitância exigidas por lei – o pensamento era direcionado para o momento posterior à eleição. Na concepção atual, não obstante o momento de entrega das contas, o pensamento deve ser direcionado para os preparativos da campanha, com o planejamento e o orçamento desse empreendimento, e para o transcorrer dos atos financeiros durante a campanha.

Isso muda todo o contexto das contas eleitorais. O que funcionou no passado já não resolve. Com a judicialização do procedimento, opera-se a preclusão temporal.

As últimas eleições foram marcadas pela necessidade de **profissionalização**, exigindo a participação conjunta de vários especialistas, entre os quais os contabilistas, os tesoureiros, os gestores, os advogados, além, obviamente, dos próprios candidatos.

Observamos que, em razão da reunião desses profissionais, é imperativo que suas respectivas **responsabilidades** sejam estabelecidas e limitadas contratualmente.

Se, por um lado, os atos em matéria financeira somente podem ser praticados por aqueles detentores da competência definida por lei, por outro, esses atos produzem modificações no mundo dos fatos – é a chamada *materialidade*. Esses atos e fatos são os fenômenos observados, estudados e registrados pela contabilidade, que sempre age para disponibilizar a informação com a qualidade contábil.

É obrigatória a participação do contabilista desde o início da campanha (art. 45, § 4º). Dessa forma, ele deixará disponível para o gestor da campanha uma melhor técnica para o registro e a documentação do patrimônio eleitoral.

Em um passado recente, na gestão financeira da campanha, o paradigma foi o **regime de caixa**. Entretanto, essa é uma técnica limitada que não permite a correta observação do patrimônio eleitoral e da dinâmica dos atos e dos fatos no tempo; em acréscimo, impossibilita a clara demonstração das responsabilidades inerentes à gestão desse patrimônio.

Reconhecendo-se que, na presença de ilícitos e irregularidades, a eventual imputação de responsabilidade ao profissional contábil é estranha à natureza da atividade, ela deverá ser precedida de instrumento formal de assunção objetiva de qualquer responsabilidade extracontábil para a prática dos atos de gestão financeira, uma vez que esse profissional atua sob outro princípio, que é o da oportunidade[14].

Dessa forma, durante o período de campanha, haverá a atuação diária e conjunta do contador com os tesoureiros de campanha, por conta da imposição da ordem cronológica para a emissão dos recibos eleitorais. Caso contrário, a sequência cronológica da emissão dos recibos financeiros irá se adiantar à emissão de recibos estimáveis, obstaculizando o registro retroativo.

---

14 *A oportunidade refere-se, simultaneamente, à tempestividade e à integridade do registro do patrimônio e de suas mutações, determinando que este seja feita de imediato e com a extensão correta, independentemente das causas que a originaram – redação dada pela Resolução n. 1.282, de 28 de maio de 2010 (Brasil, 2010).*

3.2.1 Dever de transparência e de tempestividade

A necessidade de se dar publicidade aos atos (financeiros) de campanha foi, e ainda é, a mola propulsora para uma rápida transformação no sistema eleitoral brasileiro. É um forte e necessário imperativo ao exercício do controle social.

Note-se que a norma jurídica, em vários pontos, impõe que a Justiça Eleitoral disponibilize o acesso à informação para os atores sociais durante o processo eleitoral, sendo certo que não é o juiz quem ordena essa prática.

Do ponto de vista da dosimetria da pena, esse conceito já está modificando o entendimento dos nobres julgadores, considerando-se o fato de que: **atentar contra a transparência e tempestividade do pleito é irregularidade grave e insanável.** Eis que a responsabilidade do profissional da contabilidade que atua nas contas se dá em razão do **princípio da oportunidade**, em que as informações sobre a gestão financeira estão sob o limite temporal de 72 horas, ou melhor, três dias, quando ocorre a publicação dos relatórios financeiros.

3.2.1.1 Relatórios financeiros

A publicação dos relatórios financeiros ocorrerá da mesma forma que na prestação de contas, ou seja, na página de internet do TSE, em até 48 horas da remessa. A página é alimentada em intervalos regulares, de até 72 horas, contados do registro da movimentação (de entrada) na conta bancária. No entanto, se houver grande volume, as entregas poderão ser diárias.

No mesmo sentido, a ordem cronológica impulsiona a realização dos atos de registro em ciclos de três dias, sob pena de rejeição das contas, garantindo celeridade ao processo, e obriga o acompanhamento

Alexandre Di Pietra | Raquel Maria Ferro Nogueira

de um profissional da contabilidade com **qualificação específica** desde o início.

A Resolução Eleitoral foi atualizada pela Resolução n. 23.665/2021 para autorizar e regulamentar a divulgação dos dados relativos aos gastos eleitorais coletados na escrituração do SPCE quando da geração e da transmissão de cada relatório financeiro. Nos exatos termos da norma: "poderão ser divulgados também os gastos eleitorais declarados, bem como as doações estimáveis em dinheiro" (Brasil, 2021a). Trata-se, pois, de mais um passo em direção à transparência e tempestividade na prática dos atos de gestão financeira das campanhas eleitorais.

O tema da prestação de contas, ainda que partidárias, apresenta inegável extração constitucional e se dá sob os mesmos princípios e fundamentos. A esse respeito, convém reproduzir, a seguir, a memorável ementa de um acórdão relatado pelo Ministro Luiz Fux:

PRESTAÇÃO DE CONTAS. PARTIDO SOCIALISMO E LIBERDADE (PSOL). DIRETÓRIO NACIONAL. EXERCÍCIO FINANCEIRO DE 2011. CONTAS APROVADAS COM RESSALVAS. IMPOSIÇÃO DE RESSARCIMENTO AO ERÁRIO.

1. A prestação de contas funda-se no princípio fundamental republicano (CRFB/88, art. 1º, caput), e seu corolário imediato no Mensagem GAB-SPR 1315608 SEI 2020.00.000003779-0 / pg. 3 *postulado da publicidade (CRFB/88, arts. 1º, caput, 5º, XXXIII, e 37, caput). A despeito de conteúdo plurissignificativo e de vagueza semântica, afigura-se possível identificar alguns atributos normativos mínimos no conteúdo jurídico dos aludidos cânones magnos, quais sejam, (i) a existência de uma concepção igualitária de bem público, cuja titularidade é atribuída ao povo, (ii) distinção entre patrimônio público e privado dos governantes, (iii) a eletividade dos representantes populares, (iv) periodicidade dos mandatos e (v) o dever de prestação de contas, com a consequente possibilidade de responsabilização político-jurídica de todas as autoridades estatais.*

2. O direito à informação, correlato ao dever de publicidade, inerente a todo e qualquer cidadão, de cariz fundamental, ex vi do art. 5º, XIV, da CRFB/88, reclama, na seara eleitoral, que deva ser franqueado o amplo conhecimento acerca dos gastos com as campanhas eleitorais dos postulantes aos cargos político-eletivos. Consequentemente, torna-se imperioso, no afã de salvaguardar este direito, que o Estado não apenas se abstenha de agir, com a ausência de sigilo nas informações, mas também, e sobretudo, que o poder público adote comportamentos comissivos, mediante a adoção de providências concretas que permitam a cientificação e o conhecimento das informações ao público.

3. O dever de prestar contas é exigido não apenas dos agentes já investidos na gestão da coisa pública, mas também dos players da competição eleitoral, i.e., partidos, comitês e candidatos.

4. A divulgação dos recursos auferidos pelos partidos e candidatos se revela importante instrumento de análise para os cidadãos eleitores, *irradiando-se, precipuamente, sob dois prismas: no primeiro, de viés positivo, as informações acerca das despesas de campanha propiciam a formulação de um juízo adequado, responsável e consciente quando do exercício do direito ao sufrágio, notadamente no momento da escolha de seu representante; e, no segundo, de viés negativo, possibilitam que os eleitores possam censurar, por intermédio do voto, aqueles candidatos que, eticamente, estejam em dissonância com os valores que ele, cidadão, considera como cardeais, em especial quando o fluxo de receitas amealhadas durante a campanha não restar devidamente comprovado.*

5. A prestação de contas se conecta umbilicalmente a princípios caros ao Direito Eleitoral, como a igualdade de chances entre os

*partidos políticos, a moralidade eleitoral, e, em última análise,
a própria noção de Democracia. A prestação de contas evita ou, ao
menos, amaina os reflexos nefastos do abuso do poder econômico que,
no limite, desvirtuam a igualdade de chances entre os candidatos e as*
Mensagem GAB-SPR 1315608 SEI 2020.00.000003779-0 / pg. 4 *agremia-
ções partidárias, ao mesmo tempo em que se franqueia maior legitimidade
ao processo político-eleitoral, sob o prisma do diálogo com a moralidade
eleitoral.* (Brasil, 2018b, grifo do original)

3.2.2 ATRIBUIÇÕES DO CONTADOR NA CONTABILIDADE ELEITORAL

De início, salientamos o acompanhamento do limite total de gastos. Nesse cenário de mudanças, houve a fixação do **limite total** do gasto eleitoral (teto), o que, indiretamente implica a possibilidade da mensuração de um eventual gasto em excesso. Isso é realmente inovador e importante, porque permite o acompanhamento contábil desse gasto além do limite, ainda que de forma estimada.

Por exemplo, a contabilidade poderá documentar, de forma robusta, um eventual excesso durante o pleito e comprovar a existência do abuso do poder econômico. Como consequência, haverá forte repressão ao abuso do poder econômico, muito mais pela disputa e pela fiscalização entre os candidatos do pleito do que pela interferência judicial.

São, entre outras, atribuições do contador na gestão financeira da campanha:

- apoiar a execução do planejamento financeiro;
- proceder à escrituração pautada nos princípios contábeis;

- realizar o processamento (reconhecimento e registro) e o *input* de dados;
- atuar nos seguintes controles contábeis:
  - **do limite** do gasto eleitoral (teto);
  - **dos sublimites** do gasto eleitoral (teto-móvel);
- fazer o acompanhamento das finanças (conhecer e informar a realidade patrimonial);
- guardar os documentos;
- atender às diligências.

Este último ponto está impulsionando uma rápida mudança no cenário da prestação de contas: a realização de **diligências** a qualquer tempo, desde o início da campanha eleitoral, com amplos poderes para a produção de provas, conforme o art. 44, a seguir transcrito:

> Art. 44. *A autoridade judicial pode, a qualquer momento, mediante provocação ou de ofício, determinar a realização de diligências para verificação da regularidade e efetiva realização dos gastos informados pelos partidos políticos ou candidatas ou candidatos.* (Brasil, 2019c)

O pronto atendimento às diligências é fator diferencial na atuação do profissional da contabilidade, demonstrando que o preparo, o zelo e o alinhamento com as diretrizes normativas permitem o rápido levantamento documental de qualquer situação apontada e, consequentemente, a elaboração da resposta à Justiça Eleitoral em tempo hábil. Em linhas gerais, a aplicação dos princípios contábeis é viabilizada pela simples presença do profissional da contabilidade vinculado às normas profissionais. Os vetores e os axiomas profissionais da categoria são reafirmados, e o compromisso social se estabelece, conferindo mais qualidade e tempestividade às informações econômicas e financeiras das campanhas eleitorais.

Alexandre Di Pietra | Raquel Maria Ferro Nogueira

Tal compromisso impõe que o registro contábil seja realizado sob determinadas técnicas, as quais expressam, em seu bojo, os princípios da ciência contábil.

A lei eleitoral adota o termo *documentação* para especificar o conjunto de registros a serem guardados (art. 28) pelo candidato ou partido pelo período de 180 dias contados da data da diplomação e prorrogado em casos de ação judicial.

> *Art. 28. Até 180 dias após a diplomação, os candidatos ou partidos conservarão a documentação concernente a suas contas (Lei nº 9.504/1997, art. 32).*
>
> *Parágrafo único. Estando pendente de julgamento qualquer processo judicial relativo às contas, a documentação a elas concernente deverá ser conservada até a decisão final (Lei nº 9.504/1997, art. 32, parágrafo único).* (Brasil, 2019c)

A nomenclatura adotada faz referência aos documentos que dão suporte fático ao registro contábil por meio de lançamentos contábeis, mas, na prática, é chamado de *movimento contábil*. Nas empresas, o movimento contábil é mensal, mas isso não ocorre nas eleições, cuja periodicidade é semanal, acompanhando a gestão dos atos de campanha, que também têm mesma periodicidade. Logo, a documentação dos atos de campanha deverá ser guardada por 180 dias, contados da data da diplomação.

Note-se que a regularidade ou a irregularidade de atos e fatos dos partidos e dos candidatos fora do período eleitoral, mas relacionados à disputa eleitoral, pode ensejar demandas do controle social e/ou judicial, configurando-se indiretamente em gasto eleitoral ilícito e não autorizado, porque se verifica fora do tempo.

3.2.3 Controles específicos: financeiros e contábeis

A legislação eleitoral criou novos limites. Na prática, esses limites demandarão um rigoroso acompanhamento na fase de execução e, consequentemente, no registro contábil. Durante a execução financeira da campanha, os profissionais envolvidos deverão adotar e manter "controles" específicos.

Na visão prática que se adotou, e com o fito de se simplificar a atuação dos profissionais envolvidos tanto na realização do gasto (tesoureiros) quanto em seu registro contábil, arrolamos os controles a serem seguidos e mantidos. Assim, deverão ser objeto de controle os itens mostrados no Quadro 3.3.

Quadro 3.3 – Controles específicos

Controle 1	Identificação	Origem das receitas (ordem cronológica)
Controle 2	Qualificação	Fontes das receitas (ordem cronológica)
Controle 3	Documentação	Recibos eleitorais financeiros (ordem cronológica)
Controle 4	Documentação	Recibos eleitorais estimáveis (ordem cronológica)
Controle 5	Disponibilidades	Recursos para o gasto eleitoral (ordem cronológica)
Controle 6	Limite total	Limite total do TSE (teto)
Controle 7	Sublimite	Alimentação: 10% gasto contratado
Controle 8	Sublimite	Veículos: 20% do gasto contratado
Controle 9	Sublimite	Pequenas despesas (outros créditos e adiantamentos)
Controle 10	Sublimite	Gastos com campanhas femininas e de pessoas negras
Controle 11	Sublimite	Contratação de pessoal

Alexandre Di Pietra | Raquel Maria Ferro Nogueira

Observe-se que os cinco primeiros controles são "financeiros" em sua essência e, em razão dessa característica, estão submetidos ao registro pela ordem cronológica e devem fazer parte do relatório financeiro entregue a cada três dias (72 horas). Assim deve ser porque a ordem cronológica é uma cadeia de precedência de fatos. Logo, cada acontecimento deve ser documentado no tempo em que ocorreu e segundo a ordem de precedência, ou seja, o que aconteceu primeiro deve ser registrado (documentado) primeiro.

Na prática, o conceito é aplicado na emissão dos recibos eleitorais: o primeiro recurso arrecadado de forma válida deve ser registrado antes do segundo, e assim por diante, diariamente. Frisamos que a ordem cronológica não será exigida em horas, e sim em dias.

A seguir, detalharemos cada um dos controles a título de exemplo.

Controle 1: identificação – origem das receitas
Esse controle contábil diz respeito à simples identificação das fontes doadoras.

A conta bancária em que são depositados os recursos eleitorais (receitas) – aqui denominada **conta de arrecadação**[15] – será objeto de um rigoroso controle diário cujo objetivo é a identificação da origem dos recursos.

Nesse controle, serão registrados os seguintes dados:

- nome ou razão social do doador;
- CPF ou CNPJ do doador;
- data da operação (dia do controle)
- valor da operação;
- número da conta-corrente do doador (se o valor for acima de R$ 1.064,00)

---

15 *Se for adotada a estratégia de controle financeiro pela voluntária segregação das contas.*

Ao final do processo, espera-se que todos esses dados estejam disponibilizados. Opcionalmente, é possível dar continuidade a essa etapa com o objetivo de se constituir um cadastro de doadores.

Não sendo possível a identificação do doador pelo CPF ou CNPJ, será constatada a existência de Roni depositados na conta eleitoral. Nesse caso, o recurso deverá ser imediatamente entregue à União por meio da emissão de uma Guia de Recolhimento da União (GRU) a ser paga na rede bancária e documentada na prestação de contas.

Extrai-se disso que, após a remessa para a conta de despesa, a existência de saldo na conta de arrecadação tende a indicar a ocorrência de Roni. Respeitadas as regras ora apresentadas, a existência desses recursos durante a campanha caracteriza o ilícito eleitoral.

> **Importante!**
>
> O saldo bancário é diferente do saldo disponível para o gasto, pressupondo-se a existência de Roni.

Controle 2: qualificação – fontes das receitas
Uma vez identificado o doador no Controle 1, os dados serão utilizados para verificar se ele é uma fonte lícita, tarefa apenas aparentemente simples. Se o doador for pessoa desconhecida, não será possível a pesquisa e a classificação quanto a sua natureza, origem e ocupação. São vedadas as seguintes fontes:

- pessoas jurídicas;
- origem estrangeira (exceto brasileiro no exterior);
- pessoas físicas titulares de concessões ou permissões.

Alexandre Di Pietra | Raquel Maria Ferro Nogueira

> **Importante!**
>
> Autoridades públicas não podem ser doadores originários para os partidos políticos.

Se o doador não puder ser identificado e qualificado como fonte lícita, a regra legal é a imediata devolução do recurso ao doador, pois este é conhecido, ao menos, por seus dados bancários.

Espera-se que todo doador, antes de efetuar a doação na conta bancária, procure a equipe financeira da campanha e identifique-se para o preenchimento de um cadastro e para responder às perguntas estratégicas que auxiliarão a equipe em seu registro.

Naturalmente, o objetivo desse controle é conciliar os dados do doador do extrato bancário com o cadastro de doadores do candidato. No passado, toda doação era previamente combinada e o depósito era feito pelo candidato.

Também pode ocorrer o processo inverso. Nessa situação, a pesquisa da fonte é fundamental e antecede a devolução do recurso.

Não serão admitidos os gastos eleitorais financiados com recursos de fontes vedadas nem a obtenção de qualquer vantagem pela existência de recurso de fonte vedada. Nessas situações, a transferência não resolve, tornando **solidário o destinatário** do recurso de fonte vedada.

Controle 3: documentação – recibos eleitorais financeiros

Uma vez identificado e qualificado o recurso eleitoral, estarão realizadas a primeira e a segunda etapas e o recurso estará classificado como lícito e apto à emissão do recibo eleitoral.

Ordenados cronologicamente, os recibos serão emitidos em vista de um controle manual.

Controle 4: documentação – recibos eleitorais estimáveis

O controle a ser implantado e mantido é o do ingresso de benefícios e de vantagens de natureza econômica na forma de doações em espécie diferente de dinheiro, ou seja, bens e serviços são doados ao candidato, evitando-se que o patrimônio eleitoral sofra uma variação negativa. Sempre que possível, essas doações deverão ser acobertadas por contrato e emissão do respectivo documento fiscal. A única ausência tolerável, por lógica, é a do recibo de pagamento, posto que se trata de doação em espécie.

A tarefa consiste em, diariamente, registrar os seguintes dados do doador:

- nome ou razão social;
- CPF ou CNPJ;
- data da operação (dia do controle);
- valor da operação.

O recibo estimável é emitido de maneira semelhante ao recibo financeiro, com a diferença de que o valor da operação deverá ser mensurado e avaliado a preço de mercado.

O cuidado do contador é intercalar, diariamente, os fatos econômicos entre os fatos financeiros, isto é, os recibos estimáveis devem ser emitidos diariamente seguindo-se a mesma ordem cronológica dos recibos financeiros.

Outro aspecto importante é o procedimento de se estimarem os valores dos recibos. Entendemos que *estimar valor* é uma atribuição do controle contábil. Assim determina a Resolução dos Partidos:

> *Art. 9º As doações de bens ou serviços **estimáveis em dinheiro** ou cessões temporárias devem ser avaliadas com base nos **preços praticados no mercado** no momento de sua realização e comprovadas por:*

Alexandre Di Pietra | Raquel Maria Ferro Nogueira

I – documento fiscal emitido em nome do doador ou instrumento de doação, quando se tratar de doação de bens de propriedade do doador pessoa física;

II – instrumento de cessão e comprovante de propriedade do bem cedido pelo doador, quando se tratar de bens cedidos temporariamente ao partido político;

III – instrumento de prestação de serviços, quando se tratar de serviços prestados por pessoa física em favor do partido; ou

IV – demonstração da avaliação do bem ou do serviço doado, mediante a comprovação dos preços habitualmente praticados pelo doador e a sua adequação aos praticados no mercado, com indicação da fonte de avaliação. (Brasil, 2019b, grifo nosso)

Controle 5: disponibilidades – recursos para o gasto eleitoral

O controle das disponibilidades consiste em declarar o valor dos recursos arrecadados **disponíveis para o gasto eleitoral**. Para tanto, devem ser observados os seguintes controles anteriores: Controle 1: identificação; e Controle 2: qualificação.

Isso se deve ao fato de que nem sempre o saldo da conta bancária estará disponível para o gasto eleitoral, em razão da existência de recursos não identificados e de fontes vedadas. Assim, busca-se evitar o ilícito eleitoral submetendo-se os saldos das contas a um rigoroso controle.

Se for adotada a estratégia financeira de separação das contas de arrecadação e de gasto eleitoral, o tesoureiro será autorizado a proceder à transferência do saldo lícito para a conta de gasto eleitoral.

Controle 6: limite total – limite total do TSE (teto)
No passado, o controle do total dos gastos era feito diretamente na realização dos gastos, e os limites totais eram declarados pelos partidos e não havia preocupações maiores com relação ao teto de gastos.

Todavia, a minirreforma limitou os gastos de campanha em valores, historicamente, abaixo dos gastos realizados. Com isso, criou-se o teto financeiro definido para cada localidade.

A principal atribuição da contabilidade é o registro dos gastos com vistas ao acompanhamento formal dos valores realizados e a realizar, cotejando-os com o teto legal e, com isso, permitir o cotejo dos subtetos. Estes dependem do valor do teto legal; logo, o teto é um limite flutuante.

Em outras palavras, sem o controle do teto não se pode cotejar os sublimites de gastos com alimentação, veículos, pequenas despesas ou gastos obrigatórios das mulheres.

Concomitância e interdependência

A Resolução Eleitoral expressa a necessidade de controle em razão da possibilidade de concomitância de gastos do partido e do candidato, criando uma interdependência entre as duas tesourarias:

> Art. 5º Os limites de gastos para cada eleição compreendem os gastos realizados pela candidata ou pelo candidato e os efetuados por partido político que possam ser individualizados, na forma do art. 20, II, desta Resolução, e incluirão:
>
> I – o total dos gastos de campanha **contratados** pelas candidatas ou pelos candidatos;
>
> II – as transferências financeiras efetuadas para outros partidos políticos ou outras candidatas ou outros candidatos; e
>
> III – as doações estimáveis em dinheiro recebidas.

Alexandre Di Pietra | Raquel Maria Ferro Nogueira

Parágrafo único. Os valores transferidos pela candidata ou pelo candidato para a conta bancária do seu partido político serão considerados, para a aferição do limite de gastos, no que excederem as despesas realizadas pelo partido político em prol de sua candidatura, excetuada a transferência das sobras de campanhas. (Brasil, 2019c, grifo nosso)

Além disso, há uma questão temporal concernente aos gastos do partido, que são orientados pelo **princípio da oportunidade** e devem ser realizados e individualizados. Portanto, se houver lapso temporal entre a realização e o registro, poderá ocorrer o descontrole e a superação indesejada do limite legal.

*Art. 20. As despesas e os custos assumidos pelo **partido político** e utilizados em benefício de uma ou mais candidaturas devem ser registrados, observado o disposto no art. 38, § 2º, da Lei nº 9.504/1997:*

I – integralmente como despesas financeiras na conta do partido;

II – como transferências realizadas de recursos estimáveis às candidatas ou aos candidatos beneficiadas(os), de acordo com o valor individualizado, apurado mediante o rateio entre todas as candidaturas beneficiadas, na proporção do benefício auferido, exceto para as doações estimáveis decorrentes de gastos partidários com honorários de serviços advocatícios e de contabilidade. (Brasil, 2019c, grifo nosso)

Importante!

O limite total é a soma dos gastos de campanha contratados (incorridos) pelos candidatos e candidatas e aqueles individualizados, realizados pelo partido.

Entretanto, é ilimitada a quantidade de contas bancárias "de campanha" sob o mesmo CNPJ do candidato ou do partido, sendo possível a eles administrar recursos de várias contas bancárias em razão de uma estratégia ou de um planejamento de campanha. Se isso for aplicado, gerará a necessidade de consolidação dos gastos realizados em cada "centro de custo" representado por uma conta bancária de despesa.

É o caso, por exemplo, das campanhas majoritárias municipais, que podem estar atuando com mais de um comitê de campanha, movimentando contas bancárias distintas, uma para cada bairro ou comitê.

Recomendamos que a consolidação de saldos seja feita semanalmente para as campanhas menores e diariamente para as campanhas maiores.

Controle 7: sublimite – alimentação 10% (gasto contratado)
Essa etapa depende do controle do gasto total contratado, devendo ser realizado no mínimo a cada semana, e cotejado com o orçamento e o planejamento da campanha. Os gastos da semana seguinte somente serão liberados se houver limite, ou seja, margem financeira para a realização da despesa.

O controle financeiro do gasto com alimentação é limitado ao custo do pessoal que presta serviços à candidatura e aos comitês, sendo da ordem de 10% do gasto contratado, conforme determina o art. 42 da resolução:

> *Art. 42. São estabelecidos os seguintes limites em relação ao total dos gastos de campanha contratados (Lei nº 9.504/1997, art. 26, § 1º):*
>
> *I – alimentação do pessoal que presta serviços às candidaturas ou aos comitês de campanha: 10% (dez por cento); (Brasil, 2019c)*

Controle 8: sublimite – veículos 20% (BC gasto contratado)
Também essa etapa depende do controle do gasto total contratado, devendo ser realizado no mínimo a cada semana, e cotejado com o orçamento e o planejamento da campanha. Os gastos da semana seguinte somente serão liberados se houver limite e margem financeira para a realização da despesa.

O controle financeiro do gasto com veículos é limitado ao custo de locações de veículos e não inclui as despesas com combustíveis ou motoristas. É o que se depreende da interpretação legal. No entanto, com o transcorrer da campanha, é preciso acompanhar as decisões das consultas ao TSE para se certificar dessa interpretação.

> *Art. 42. [...]*
>
> *II – aluguel de veículos automotores: 20% (vinte por cento).* (Brasil, 2019c)

Controle 9: sublimite – pequenas despesas
Para os **candidatos**, o conjunto de gastos eleitorais de pequeno vulto foi limitado a 2% do gasto eleitoral total contratado. Com isso, a base de cálculo é dinâmica e aumenta proporcionalmente ao volume de gastos de campanha.

O registro contábil é patrimonial na conta do ativo circulante, de outros créditos e adiantamentos, sendo ativado por ocasião da entrega do recurso, com o prévio resgate da conta eleitoral, e baixado pela devolução de saldo ou pela recomposição do limite quando houver a rotatividade (renovação).

Controle 10: sublimite – gastos com campanhas de mulheres e de pessoas negras
Esse controle está resumido no quadro a seguir. Enfatizamos a semelhança entre o texto dos arts. 17 e 19 da Resolução Eleitoral.

Quadro 3.4 – Aplicação compulsória de recursos públicos: fundamento jurídico

Fundo Especial de Financiamento de Campanha (FEFC) (art. 17, § 4º)	Fundo Partidário (FP) (art. 19, § 3º)
Para os gastos das candidaturas femininas e de pessoas negras, os partidos devem destinar os seguintes percentuais do montante recebido do FEFC[16]	Para os gastos das candidaturas femininas e de pessoas negras, a representação do partido político na circunscrição do pleito deve destinar os seguintes percentuais relativos aos gastos contratados com recursos do FP
"para as candidaturas femininas o percentual corresponderá à proporção dessas candidaturas em relação a soma das candidaturas masculinas e femininas do partido, **não podendo ser inferior a 30% (trinta por cento)**" (Brasil, 2019c, grifo nosso)	"para as candidaturas femininas o percentual corresponderá a proporção dessas candidaturas em relação a soma das candidaturas masculinas e femininas do partido, **não podendo ser inferior a 30% (trinta por cento)**" (Brasil, 2019c, grifo nosso)
"para as candidaturas de pessoas negras o percentual corresponderá à proporção de: a) mulheres negras e não negras do gênero feminino do partido; e [...] a) homens negros e não negros do gênero masculino do partido;" (Brasil, 2019c)	"para as candidaturas de pessoas negras o percentual corresponderá à proporção de: [...] a) mulheres negras e não negras do gênero feminino do partido; e b) homens negros e não negros do gênero masculino do partido;" (Brasil, 2019c)

(continua)

---

16 *Ação Direta de Inconstitucionalidade (ADI) n. 5.617, de 15 de março de 2018 (Brasil, 2018a); Arguição de Descumprimento de Preceito Fundamental (ADPF) n. 738/DF, de 29 de outubro de 2020 (Brasil, 2020b); Consulta n. 0600252-18.6.00.000, de 15 de agosto de 2018 (Brasil, 2018c); Consulta n. 0600306-47.2019.6.00.000, de 5 de outubro de 2020 (Brasil, 2020c).*

Alexandre Di Pietra | Raquel Maria Ferro Nogueira

(Quadro 3.4 – conclusão)

Fundo Especial de Financiamento de Campanha (FEFC) (art. 17, § 4º)	Fundo Partidário (FP) (art. 19, § 3º)
"os percentuais de candidaturas femininas e de pessoas negras será obtido pela razão dessas candidaturas em relação ao total de candidaturas do partido em âmbito nacional" (Brasil, 2019c)	"os percentuais de candidaturas femininas e de pessoas negras será obtido pela razão dessas candidaturas em relação ao total de candidaturas da representação do partido político na circunscrição do pleito" (Brasil, 2019c)

Fonte: Elaborado com base em Brasil, 2019c.

Controle 11: sublimite – contratação de pessoal

Os gastos eleitorais para a contratação direta ou terceirizada de pessoal para prestação de serviços referentes a atividades de militância e de mobilização de rua nas campanhas eleitorais majoritárias observará os critérios para a aferição do limite de número de contratações (Lei n. 9.504/1997, art. 100-A).

Limite de contratações

O cálculo do limite de contratações depende da publicação, pelo TSE, dos quantitativos do eleitorado de cada município, após o fechamento do cadastro eleitoral.

A referência é o cargo de **prefeito** (item V do quadro a seguir); logo, nos municípios de até 30 mil eleitores, serão admitidas 300 contratações, ou seja, 1% do eleitorado. Nos municípios maiores, a cada mil eleitores acima do limite de 30 mil, está autorizada uma nova contratação. Esquematicamente:

- Até 30 mil eleitores, não excederá a 1% do eleitorado[17] (300).
- Acima de 30 mil, será acrescido um para cada mil eleitores (300 + 1).

Por exemplo, em um município com 35 mil eleitores, o cálculo é de 305 contratações autorizadas; para um município com 70 mil eleitores, o cálculo é de 340 contratações autorizadas.

As contratações observarão ainda os seguintes limites nas candidaturas aos cargos, somadas as contratações eventualmente realizadas pelos partidos, pelos titulares, pelo suplentes e pelos vices.

Quadro 3.5 – Limite quantitativo: contratação de pessoal

Item	Cargo	Limite
I	Presidente da República e senador	Em cada estado, é o número do maior município
II	Governador de estado e do Distrito Federal	No estado, o dobro do maior município. No Distrito Federal, o dobro do número alcançado no caso de município acima de 30 mil (300 + 1)
III	Deputado federal	Na circunscrição, 70% do limite estabelecido para o município com o maior número de eleitoras ou de eleitores, e, no Distrito Federal, esse mesmo percentual aplicado sobre o limite calculado na forma do inciso II do *caput* do art. 41, considerado o eleitorado da maior região administrativa
IV	Deputado estadual ou distrital	Na circunscrição, 50% do limite estabelecido para deputados federais

(continua)

---

17 *Art. 41, parágrafo 4º da Resolução n. 23.607/2019: "O Tribunal Superior Eleitoral, após o fechamento do cadastro eleitoral, divulgará, na página do Tribunal Superior Eleitoral na internet os limites quantitativos de que trata este artigo" (Brasil, 2019b).*

(Quadro 3.5 – conclusão)

Item	Cargo	Limite
V	Prefeito	Para municípios de até 30 mil eleitores, 300 contratações ou 1% do eleitorado Para municípios maiores, a cada 1000 eleitores acima de 30 mil, uma nova contratação
VI	Vereador	50% (cinquenta por cento) dos limites previstos nos incisos I e II do *caput* do art. 41, até o máximo de 80% (oitenta por cento) do limite estabelecido para deputados estaduais

Fonte: Elaborado com base em Brasil, 2019c.

São excluídos dos limites fixados nesse artigo, conforme o parágrafo 6º do art. 100-A da Lei n. 9.504/1997:

> *São excluídos dos limites fixados por esta Lei a militância não remunerada, pessoal contratado para apoio administrativo e operacional, fiscais e delegados credenciados para trabalhar nas eleições e os advogados dos candidatos ou dos partidos e coligações.* (Brasil, 1997)

Penas

O descumprimento dos limites previstos sujeita a candidata ou o candidato às penas previstas no art. 299 da Lei n. 4.737/1965 – Lei n. 9.504/1997, art. 100-A, parágrafo 5º. Isso não impede a apuração de eventual abuso de poder pela Justiça Eleitoral, por meio das vias próprias.

Para saber mais

BRASIL. Tribunal Superior Eleitoral. **Requerimento de abertura de conta bancária (RAC)**: candidato. Disponível em: https://rac.tse.jus.br/rac/#/identificacao-candidato. Acesso em: 24 maio 2023.

BRASIL. Tribunal Superior Eleitoral. **Requerimento de abertura de conta bancária (RAC)**: órgão partidário. Disponível em: https://rac.tse.jus.br/rac/#/identificacao-partido. Acesso em: 24 maio 2023.

As páginas indicadas podem auxiliar na elaboração do pedido de abertura de contas bancárias (RAC) que o Tribunal Superior Eleitoral disponibilizou na internet. Sugerimos que o RAC seja feito em duas vias, servindo de protocolo na entrega no banco. O sistema auxilia o usuário, com um *layout* próprio, padronizando as informações.

Consultando a legislação

BRASIL. Banco Central do Brasil. Comunicado n. 35.979, de 28 de julho de 2020. Brasília: Banco Central do Brasil, 2020. Disponível em: https://www.bcb.gov.br/estabilidadefinanceira/exibenormativo?tipo=Comunicado&numero=35979. Acesso em: 24 maio 2023.

Esse comunicado divulga orientações sobre a abertura, a movimentação e o encerramento de contas de depósitos à vista de partidos políticos e de candidatos, bem como sobre os extratos eletrônicos dessas contas.

Alexandre Di Pietra | Raquel Maria Ferro Nogueira

BRASIL. Lei n. 9.504, de 30 de setembro de 1997. **Diário Oficial da União**, Poder Legislativo, Brasília, DF, 1º out. 1997. Disponível em: http://www.planalto.gov.br/ccivil_03/leis/L9504.htm. Acesso em: 17 maio 2023.

BRASIL. Lei n. 9.096, de 19 de setembro 1995. **Diário Oficial da União**, Poder Legislativo, Brasília, DF, 20 set. 1995. Disponível em: https://www.planalto.gov.br/ccivil_03/leis/l9096.htm. Acesso em: 17 maio 2023.

BRASIL. Tribunal Superior Eleitoral. Secretaria de Gestão da Informação e do Conhecimento. Coordenadoria de Jurisprudência e Legislação. Seção de Legislação. Resolução n. 23.607, de 17 e dezembro de 2019. **Diário da Justiça Eleitoral**, Poder Judiciário, Brasília, DF, 27 dez. 2019. Disponível em: https://www.tse.jus.br/legislacao/compilada/res/2019/resolucao-no-23-607-de-17-de-dezembro-de-2019. Acesso em: 17 maio 2023.

Sugerimos a leitura na íntegra da legislação indicada.

Síntese

Neste capítulo, foi apresentada a aplicação prática dos conceitos aprendidos nos capítulos anteriores, isto é, a arrecadação e o gasto em movimento.

Apresentamos a função do tesoureiro e suas tarefas de execução dos atos financeiros, os detalhes das contas bancárias e a emissão dos recibos eleitorais. Também detalhamos a atuação do profissional da contabilidade em suas tarefas gerenciais e não operacionais.

Questões para revisão

1. Analise as afirmativas a seguir e marque com V as verdadeiras e com F as falsas.

   ( ) A abertura de conta bancária específica de campanha é obrigatória para todos os partidos políticos.

   ( ) A abertura de conta bancária específica de campanha é facultativa nas circunscrições onde não há agência bancária ou posto de atendimento bancário.

   ( ) O prazo para a abertura da conta bancária tem por parâmetro a data de concessão do CNPJ de campanha, ou seja, deve ser aberta em até cinco dias da atribuição do CNPJ.

   ( ) É permitida a transferência de recursos financeiros entre contas de natureza distintas.

   ( ) A conta bancária "Doações para campanha", do partido político, tem caráter permanente e deve ser aberta até o dia 15 de agosto do ano eleitoral.

   Agora, assinale a alternativa que apresenta a sequência correta:

   a) V, F, V, F, V.
   b) V, V, F, F, F.
   c) V, V, F, F, V.
   d) V, F, V, V, V.
   e) F, V, V, V, F.

2. Com relação aos recibos eleitorais, marque com V as afirmativas verdadeiras e com F as falsas:

   ( ) Têm emissão obrigatória para qualquer tipo de arrecadação de recursos de campanha eleitoral.

   ( ) São emitidos diretamente do SPCE (candidatos).

Alexandre Di Pietra | Raquel Maria Ferro Nogueira

( ) Devem ser emitidos por ordem cronológica das doações.

( ) Partidos políticos utilizam os recibos emitidos pelo SPCA, mesmo em se tratando de doações recebidas durante o período de campanha eleitoral.

Agora, assinale a alternativa que apresenta a sequência correta:

a) V, V, V, F.
b) V, F, F, F.
c) V, F, F, V.
d) F, V, V, V.
e) V, V, F, F.

3. Sobre arrecadação de recursos, marque com V as afirmativas verdadeiras e com F as falsas:

( ) O pix pode ser utilizado para arrecadar recursos, independentemente da chave registrada.

( ) O pix pode ser utilizado para arrecadar recursos desde que a chave registrada seja o CPF (pessoa física) ou o CNPJ (candidato ou partido político).

( ) Pode ser realizada por meio de cartões de crédito e de débito.

( ) Não pode ser efetuada por meio de aplicativos de celulares.

Agora, assinale a alternativa que apresenta a sequência correta:

a) F, V, V, F.
b) F, F, F, F.
c) V, F, F, V.
d) V, V, V, V.
e) F, V, F, F.

4. Assinale a alternativa correta:

a) O relatório financeiro de campanha deve ser encaminhado à Justiça Eleitoral no prazo de até 24 horas do crédito na conta bancária.

b) O limite para a despesa com locação de veículos é de 20% do total dos gastos contratados.

c) Os gastos de pequeno vulto não podem ultrapassar 5% dos gastos contratados.

d) A alimentação do pessoal que presta serviços aos candidatos ou aos comitês de campanha não pode ultrapassar 10% do limite de gastos.

e) As despesas individuais dos gastos de pequeno vulto não podem ultrapassar um salário mínimo.

5. Assinale a alternativa correta:

a) Os recursos do fundo de caixa não precisam transitar pela conta bancária de campanha.

b) Candidatos a vice e suplentes podem constituir fundo de caixa.

c) É permitido o abastecimento de até 50 litros por veículo, em eventos de carreata.

d) Os gastos com combustíveis são considerados gastos eleitorais quando houver o abastecimento de veículos utilizados em eventos de carreata ou que estejam a serviço da campanha, os quais devem estar registrados na prestação de contas como despesas com locação ou cessão temporária.

e) O controle financeiro do gasto com veículos exclui o custo de locações de veículos e as despesas com combustíveis ou motoristas.

Alexandre Di Pietra | Raquel Maria Ferro Nogueira

Questões para reflexão

1. Uma vez que o autofinaciamento (de candidatos e de candidatas) foi limitado a um décimo do necessário, a participação dos partidos políticos no pleito deveria ser obrigatória?

2. A conta bancária específica tem características especiais sobre como ela é utilizada e como uma ferramenta de transparência para refletir os princípios eleitorais basilares da igualdade de chances, moralidade e impessoalidade públicas?

3. Como deve ser feito o registro contábil da arrecadação de recursos eleitorais? Uma vez que o controle do ingresso de recursos, inclusive os não identificados ou de fontes proibidas, nas contas bancárias é tarefa essencialmente financeira, o tesoureiro deve acompanhar diariamente a evolução dos saldos dessas contas?

4. A contabilidade fará o registro e a divulgação das receitas financeiras do candidato, remetendo ao TSE esses dados. Em quais circunstâncias a contabilidade poderia assumir o controle das finanças?

5. Nas situações em que o beneficiário (candidato) está dispensado de emitir o recibo eleitoral, a norma também dispensa a apresentação do comprovante na prestação de contas (art. 60, § 4º, da resolução). Assim, a dispensa da emissão do recibo eleitoral e da comprovação também torna prescindível o registro da doação na prestação de contas?

Capítulo 4
Entrega das contas[1]

---

1   Os itens jurídicos (artigos, parágrafos, incisos e alíneas) mencionados neste capítulo são da Resolução n. 23.607, de 17 de dezembro de 2019 (Brasil, 2019c), exceto quando for indicada uma norma específica.

Conteúdos do capítulo

- Obrigação de prestar contas de campanha eleitoral.
- Relatório financeiro e prestação de contas parcial.
- Prestação de contas final: prazo e elaboração.
- Envio da prestação de contas final à Justiça Eleitoral.
- Impugnação da prestação de contas.

Após o estudo deste capítulo, você será capaz de:

1. distinguir, conceitualmente, a entrega de contas da prestação de contas;
2. identificar os tipos de prestação de contas de campanha;
3. compreender os detalhes tecnológicos necessários à finalização do procedimento da entrega das contas;
4. reconhecer os documentos que comprovam a arrecadação e o gasto eleitoral;
5. descrever o procedimento simplificado de análise das contas de baixo valor econômico.

Não se pode confundir a obrigação de entrega das contas, ato final de campanha, com a necessidade de prestação de contas.

A prestação de contas é concomitante à prática dos atos de gestão em matéria financeira, isto é, em tempo real. Opera-se com a imposição da transparência e da tempestividade, ou seja, a divulgação dos atos de forma concomitante ao pleito, objetivando o exercício do controle social, que poderá culminar na eventual impugnação das contas. Esse é um arranjo legal ainda embrionário em nosso país, mas que é plenamente garantido aos administrados.

Com isso, a entrega das contas é um momento essencialmente formal e, na contemporaneidade, tecnológico, que exige atenção e detalhamento. A entrega consiste na efetiva finalização das informações e na reunião de documentos com finalidade de comprovação de toda a arrecadação e gasto eleitorais, que irão compor o procedimento de contas, atualmente, também eletrônico. Por fim, vale destacar que a prestação de contas simplificada tem características essenciais.

(4.1)
OBRIGAÇÃO DE PRESTAR CONTAS

O dever de prestar contas é inerente a todos os que utilizam recursos públicos. A Constituição Federal, em seu art. 17, inciso III, menciona a obrigação dos partidos políticos, pois são pessoas jurídicas de direito privado e recebem recursos públicos provenientes do Fundo Partidário (FP) e do Fundo Especial de Financiamento de Campanha (FEFC).

Art. 17. É livre a criação, fusão, incorporação e extinção de partidos políticos, resguardados a soberania nacional, o regime democrático, o pluripartidarismo, os direitos fundamentais da pessoa humana e observados os seguintes preceitos: [...]

III – prestação de contas à Justiça Eleitoral; (Brasil, 1988)

Em ano eleitoral, os candidatos e os partidos políticos não podem se eximir de tal obrigação, seja por movimentar recursos públicos, seja para demonstrar a origem de toda movimentação de campanha, incluindo os doadores e os fornecedores de bens e/ou serviços prestados durante o período de campanha eleitoral.

4.1.1 Obrigação de prestar contas de campanha eleitoral (arts. 45 e 46)

A Resolução n. 23.607, de 17 de dezembro de 2019 (Brasil, 2019b), do Tribunal Superior Eleitoral (TSE), em seu art. 45, estipula quem deve prestar contas de campanha à Justiça Eleitoral, independentemente de movimentação financeira e/ou estimáveis em dinheiro:

- todos os candidatos registrados na Justiça Eleitoral, mesmo aqueles que renunciarem, desistirem, forem substituídos ou tiverem o registro de candidatura indeferido;
- todos os diretórios dos partidos políticos, mesmo que constituídos de forma provisória:
  - nacionais – encaminham a prestação de contas para o TSE;
  - regionais e distritais – encaminham a prestação de contas para os Tribunais Regionais Eleitorais;
  - municipais – encaminham a prestação de contas para os cartórios eleitorais.

Conforme determina a legislação eleitoral, todos os órgãos partidários devem prestar contas de campanha, independentemente da prestação de contas anual. A obrigatoriedade deve ser cumprida pelos partidos que, após a data prevista para o início das convenções partidárias e até a data da eleição do segundo turno, estiverem:

- vigentes;
- perdida a vigência ou perdida a suspensão da anotação partidária; revertida a vigência ou revertida a suspensão de anotação partidária durante o período eleitoral. Nesses casos, devem prestar contas referente ao período de funcionamento regular do partido.

Em caso de extinção ou de dissolução da comissão provisória ou do diretório partidário, a agremiação partidária prestará contas do período de vigência, sendo a responsabilidade dessa tarefa do novo diretório do partido/comissão ou da esfera partidária imediatamente superior.

O acompanhamento da campanha eleitoral deve ser efetuado pelo profissional de contabilidade, que fará os lançamentos de toda a movimentação financeira ou estimável em dinheiro e, concomitantemente, prestará assessoria ao candidato e ao partido político relacionada à elaboração da prestação de contas.

O candidato poderá fazer diretamente a administração financeira de sua campanha ou designar uma pessoa para assumir essa atividade. A responsabilidade pela veracidade das informações contidas na prestação de contas do candidato é dividida de forma solidária entre ele, o administrador financeiro e o profissional de contabilidade. Quanto à responsabilidade pela veracidade das informações contidas na prestação de contas da agremiação partidária, esta cabe ao profissional de contabilidade e ao presidente e tesoureiro do partido.

Alexandre Di Pietra | Raquel Maria Ferro Nogueira

Nas eleições majoritárias, as contas dos candidatos aos cargos de vice e suplentes são elaboradas em conjunto com a prestação de contas do titular. Somente quando o titular for omisso na entrega da prestação de contas, o vice e o suplente podem entregar, de forma separada, sua prestação de contas, conforme determina o art. 77, parágrafo único, da resolução, *in verbis*:

> *Art. 77. A decisão que julgar as contas dos candidatos eleições majoritárias abrangerá as de vice e as de suplente, conforme o caso, ainda que substituídos.*
>
> *Parágrafo único. Se, no prazo legal, o titular não o prestar contas, o vice e os suplentes, ainda que substituídos, poderão fazê-lo separadamente, no prazo de 3 (três) dias contados da citação de que trata o inciso IV do § 5º do art. 49, para que suas contas sejam julgadas independentemente das contas do titular, salvo se este, em igual prazo, também apresentar suas contas, hipótese na qual os respectivos processos ser o examinados em conjunto.* (Brasil, 2019c)

4.1.2 Relatório financeiro (art. 47)

O relatório financeiro tem por finalidade precípua dar transparência aos recursos arrecadados por candidatos e partidos durante a campanha. Esse relatório deve ser encaminhado por meio do Sistema de Prestação de Contas Eleitorais (SPCE) em até 72 (setenta e duas) horas do recebimento da doação. Quando a doação for realizada por cartão de crédito ou por mecanismo de financiamento coletivo, o prazo será contado a partir do efetivo crédito na conta bancária de campanha eleitoral do prestador de contas.

Após o envio do relatório financeiro, o TSE divulgará, em sua página, os dados em até 48 horas. Com a divulgação das receitas financeiras arrecadadas, o relatório demonstrará toda a movimentação de campanha registrada no SPCE, incluindo as doações estimáveis em dinheiro e os gastos realizados pelo prestador de contas. A ausência do envio do relatório financeiro ou o encaminhamento fora do prazo estipulado pela legislação eleitoral consiste em inconsistência cuja gravidade será avaliada quando for realizado o exame da prestação de contas pela Justiça Eleitoral.

4.1.3 PRESTAÇÃO DE CONTAS PARCIAL (ARTS. 47 E 48)

Durante a campanha eleitoral, várias obrigações devem ser cumpridas pelos candidatos e pelos partidos políticos. Dentre essas obrigações, destacamos a prestação de contas parcial, que demonstra a movimentação da campanha desde seu início até o dia anterior ao término do prazo para seu envio à Justiça Eleitoral. A prestação de contas parcial é confeccionada e enviada por via eletrônica, no SPCE, sem a necessidade de entrega de documentos ou mídias à Justiça Eleitoral.

O encaminhamento da prestação de contas parcial ocorrerá no período de 9 a 13 de setembro do ano eleitoral, contemplando todos os dados da movimentação de campanha desde seu início até o dia 8 de setembro do respectivo ano.

O Egrégio Tribunal Superior Eleitoral divulgará, no dia 15 de setembro do ano eleitoral, a prestação de contas parcial dos candidatos e dos partidos políticos com a identificação dos doadores e dos valores doados. Nesse ponto, cabe esclarecer que a prestação de contas parcial enviada fora do prazo, com a omissão de doações financeiras recebidas no período ou com dados incompatíveis com a real movimentação de recursos, caracteriza uma grave infração que será examinada pela Justiça Eleitoral conforme a quantidade e os valores divergentes detectados. Esclarecemos que essas inconsistências têm grande relevância no contexto do exame das contas e, dependendo das gravidades, podem gerar uma desaprovação.

Ocorrendo algum tipo de inconsistência identificada posteriormente ao envio da prestação de contas parcial, poderá ser encaminhada uma prestação retificadora, sempre com as devidas justificativas para análise e decisão da autoridade judicial.

Se a inconsistência não ocasionar o envio da prestação de contas retificadora, deverá ser providenciada justificativa por ocasião da entrega da prestação de contas final, a qual será avaliada pela Justiça Eleitoral e, em caso de não acolhimento, poderá ocasionar ressalvas ou desaprovação das contas.

Portanto, o candidato e o partido político devem manter uma estrutura organizacional durante a campanha para que os documentos concernentes a toda a movimentação da campanha sejam encaminhados ao profissional de contabilidade em tempo hábil e em total integralidade. Caso contrário, a prestação de contas parcial será enviada de forma incompleta, com dados inconsistentes, repercutindo a irregularidade no julgamento da prestação de contas do candidato e da agremiação partidária.

4.1.4 Conteúdo da prestação de contas parcial

A Resolução Eleitoral, em seu art. 47, parágrafo 1º, relaciona os dados que compõem a prestação de contas parcial:

Art. 47 [...]

I – indicação dos nomes, do CPF das pessoas físicas doadoras ou do CNPJ dos partidos políticos ou dos candidatos doadoras ou doadores;

II – a especificação dos respectivos valores doados [receitas financeiras ou estimáveis em dinheiro arrecadadas, incluindo as transferências do FP e do FEFC];

III – a identificação dos gastos realizados, com detalhamento das fornecedoras ou dos fornecedores;

IV – a indicação da advogada ou do advogado. (Brasil, 2019c)

Atualmente, todos os processos de prestação de contas são autuados imediatamente no Processo Judicial Eletrônico (PJe), após o envio da parcial pelo SPCE. Em seguida, com a autuação e o conhecimento do número do processo, deve ser juntado o instrumento de procuração do advogado.

A Justiça Eleitoral poderá iniciar a análise da parcial imediatamente após seu encaminhamento, baseando-se nos dados disponibilizados pelos prestadores de contas e nas informações fornecidas por outros órgãos fiscalizadores ao TSE. Se não for determinado o exame das contas com a entrega da parcial, a Justiça Eleitoral providenciará o sobrestamento dos autos até a entrega da prestação de contas final.

4.1.5 Prazo, elaboração e entrega da prestação de contas de campanha

O conteúdo a ser abordado nas subseções seguintes é de suma importância; nelas, detalharemos, em sequência lógica, as etapas necessárias para a elaboração da prestação de contas final. Essa prestação deve ser encaminhada à Justiça Eleitoral com todos os lançamentos

Alexandre Di Pietra | Raquel Maria Ferro Nogueira

efetuados no SPCE e com os documentos comprobatórios das receitas arrecadadas e das despesas efetuadas durante o período de campanha eleitoral.

4.1.5.1 Prazo (art. 49)

O dia da eleição é o marco para a contagem do prazo de entrega da prestação de contas final a ser encaminhada à Justiça Eleitoral por candidatos e partidos políticos em todas as esferas.

Quanto ao primeiro turno, o prazo para envio pelo SPCE e entrega da mídia à Justiça Eleitoral é de até 30 dias após a data da eleição. Portanto, considerando-se que o primeiro turno das eleições gerais de 2022 ocorreu no dia 2 de outubro, o prazo para entrega da prestação de contas relativa ao primeiro turno foi no dia 1º de novembro de 2022, conforme dita a Resolução n. 23.674, de 16 de dezembro de 2021, que dispõe sobre o calendário eleitoral das Eleições 2022:

[...]

NOVEMBRO 2022

1º de novembro – terça-feira

(2 dias após o segundo turno)

[...]

6. Último dia para as candidatas, os candidatos e os partidos políticos que disputarem o segundo turno da eleição informarem à Justiça Eleitoral, via Sistema de Prestação de Contas Eleitorais (SPCE), as doações e os gastos que tenham realizado em favor das candidatas e dos candidatos eleitos no primeiro turno (Res.-TSE nº 23.607/19, art. 49, § 2º). (Brasil, 2021b)

Havendo segundo turno, o prazo para entrega da prestação de contas final é de até 20 (vinte) dias após a realização desse turno.

Como o processo eleitoral de 2022 foi decidido no segundo turno, no dia 30 de outubro de 2022, o prazo para a entrega da prestação de contas final ocorreu em 19 de novembro de 2022, , conforme a Resolução n. 23.674, de 16 de dezembro de 2021 (Brasil, 2021b), que dispõe sobre o calendário eleitoral das Eleições de 2022:

[...]

NOVEMBRO 2022

[...]

19 de novembro – sábado

(20 dias após o segundo turno)

[...]

1. Último dia para as candidatas e os candidatos que concorreram no segundo turno das eleições, inclusive a vice, os partidos políticos e as federações encaminharem à Justiça Eleitoral, por meio do Sistema de Prestação de Contas Eleitorais (SPCE), as prestações de contas referentes aos dois turnos, incluindo todos os órgãos partidários que efetuaram doações ou gastos às candidaturas do segundo turno, ainda que não concorrentes (Lei nº 9.504/1997, art. 29, IV e Res.-TSE nº 23.607/19, art. 49, § 1º). (Brasil, 2021b)

Os candidatos que concorreram ao segundo turno deveriam apresentar a prestação de contas final referente aos dois turnos até 19 de novembro de 2022. No entanto, caso esses candidatos e partidos tenham realizado doações e despesas favorecendo candidatos eleitos no primeiro turno, deveriam encaminhar à Justiça Eleitoral, via SPCE, essas informações no mesmo prazo de entrega da prestação de contas do primeiro turno, ou seja, em 1º de novembro de 2022. Em suma, quase em sua totalidade, os candidatos que disputaram o segundo turno tinham a obrigação de prestar contas em dois momentos do processo eleitoral, isto é, na data para entrega das contas dos eleitos em primeiro turno (1º de novembro de 2022) e na data determinada para entrega das contas dos candidatos e dos partidos que disputaram o segundo turno, no dia 19 do mesmo mês.

A identificação do turno a que se refere a prestação de contas final deve ser feita no SPCE, selecionando-se a opção de 1º ou de 2º turno, conforme a tela do sistema reproduzida a seguir:

Figura 4.1 – Tela do SPCE: qualificação do prestador de contas

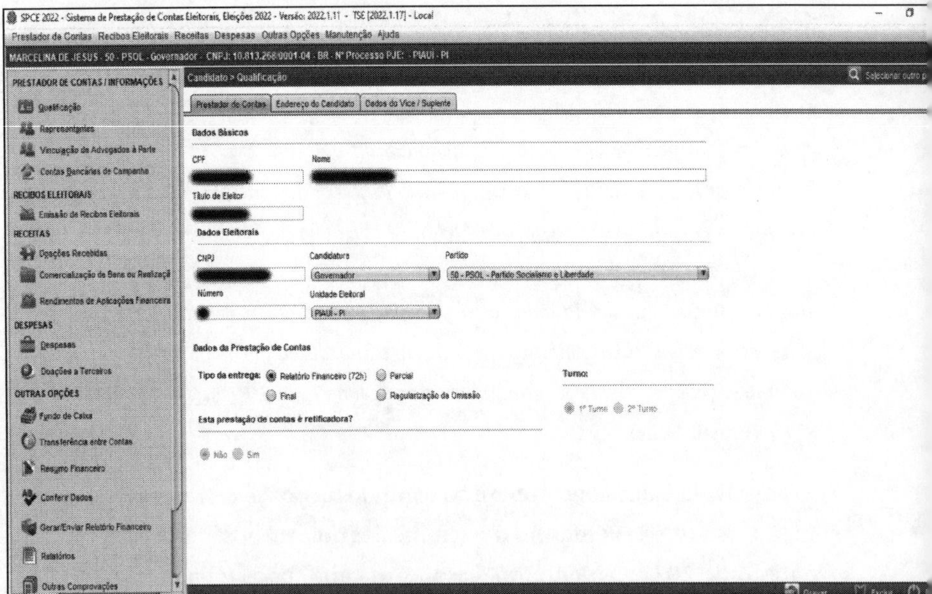

A prestação de contas final deve ser juntada ao processo de contas já autuado pelo PJe por ocasião do envio da prestação de contas parcial. Se a obrigação de entrega da prestação de contas parcial não tiver sido cumprida, as contas finais entregues à Justiça Eleitoral serão autuadas e distribuídas, automaticamente, pelo PJe.

Salientamos que os prazos finais citados se referem ao cumprimento da obrigação de entrega da mídia na Justiça Eleitoral, e não apenas do envio eletrônico dos dados. Esse ponto é motivo de descumprimento de prazo por inúmeros prestadores de contas, uma vez que, equivocadamente, eles apenas comparecem para finalizar o processo de entrega no dia subsequente ao envio da prestação de contas pelo SPCE.

A Resolução Eleitoral, em seu art. 49, parágrafo 1º, relaciona os partícipes do pleito eleitoral que têm obrigação de prestar contas referente ao segundo turno:

Art. 49 [...]

§ 1º Havendo segundo turno, devem prestar suas contas, via SPCE, até o 20º dia posterior à sua realização, apresentando a movimentação financeira referente aos dois turnos (Lei nº 9.504/1997, art. 29, IV): (Vide, para as Eleições de 2020, art. 7º, inciso IX, da Resolução nº 23.624/2020)

I – a candidata ou o candidato que disputar o segundo turno;

II – os órgãos partidários vinculados à candidata ou ao candidato que concorre ao segundo turno, ainda que coligados, em todas as suas esferas;

III – os órgãos partidários que, ainda que não referidos no inciso II, efetuem doações ou gastos às candidaturas concorrentes no segundo turno.

(Brasil, 2019c)

Reiteramos que, embora o candidato que esteja concorrendo ao segundo turno deva entregar as contas até o 20° dia após a eleição desse turno, caso tenha realizado doações e gastos em favor de outro candidato eleito no primeiro turno, a obrigação de prestar contas referente a esse turno permanece. Logo, ele deve enviar a prestação de contas até o 30° dia da eleição do primeiro turno.

Expirado o prazo para a entrega da prestação de contas final, a Justiça Eleitoral notificará o candidato e o partido inadimplentes para a regularização da obrigação de prestar contas no prazo de três dias. Se a obrigação quanto à prestação de contas parcial já tiver sido cumprida, a intimação será efetuada pelo mural eletrônico até a data da diplomação dos eleitos e, após essa data, a intimação deverá ser efetuada pelo PJe.

A citação ao prestador de contas inadimplente na entrega da prestação de contas final será realizada pessoalmente, para que ele cumpra a obrigação no prazo de três dias.

Ressaltamos que o não cumprimento do prazo para a entrega da prestação de contas final impede a diplomação dos eleitos enquanto permanecer a omissão. Os omissos terão seus nomes divulgados na página do TSE.

4.1.5.2 Elaboração da prestação de contas final (arts. 53 a 56)

A confecção da prestação de contas constitui tarefa diária e que deve ser executada desde o início da campanha eleitoral pelo profissional de contabilidade, tendo por base os documentos encaminhados pelos responsáveis pela administração financeira da campanha ou pelos próprios candidatos e representantes de partidos políticos.

A Justiça Eleitoral implementou, em 1998, o SPCE – módulo externo – para a elaboração da prestação de contas, no qual devem ser registradas todas as receitas e despesas de campanha. O SPCE está disponibilizado para *download* na página da Justiça Eleitoral (ver seção "Para saber mais", a seguir). A partir das eleições de 2002, o TSE implementou a análise informatizada da prestação de contas de campanha, por meio do módulo de análise do SPCE.

Para saber mais

BRASIL. Tribunal Superior Eleitoral. **Contas eleitorais.** Disponível em: https://www.tse.jus.br/eleicoes/ eleicoes-2022/prestacao-de-contas/sistema-de-prestacao-de-contas-eleitorais-spce. Acesso em: 24 maio 2023.
Para conhecer as características e o funcionamento do SPCE, bem como as normas que regem a prestação de contas das campanhas eleitorais, sugerimos consultar a página do TSE que trata especificamente desse tema.

Portanto, a cada eleição, o SPCE passa por implementações e adequações às mudanças ocorridas na legislação eleitoral. Entre elas, podemos mencionar a obrigatoriedade do profissional de contabilidade para a elaboração e o acompanhamento da prestação de contas, imprescindível em todas as etapas da campanha, uma vez que o SPCE é utilizado para o lançamento da movimentação financeira e/ ou estimável em dinheiro de candidatos e partidos políticos, tendo toda a documentação comprobatória anexada aos respectivos lançamentos no sistema.

Alexandre Di Pietra | Raquel Maria Ferro Nogueira

Primeiramente, o profissional da contabilidade deve preencher no SPCE a qualificação do prestador de contas (candidato ou partido político), a qualificação do administrador financeiro de campanha, a(s) conta(s) bancária(s) de campanha e a faixa de recibos eleitorais a serem emitidos. Após o preenchimento desses dados, o SPCE estará habilitado para os lançamentos das movimentações financeiras e estimáveis em dinheiro ocorridas durante o período de campanha eleitoral.

Posteriormente à inserção dos dados, devem ser informados:

- os recibos eleitorais emitidos;
- as receitas arrecadadas (financeiras e/ou estimáveis em dinheiro);
- as doações efetuadas a outros partidos e/ou outros candidatos;
- as transferências financeiras de recursos entre o partido e seu candidato e vice-versa;
- a comercialização de bens e/ou serviços e/ou de promoção de eventos;
- os gastos individuais realizados pelo candidato e pelo partido político;
- os gastos realizados pelo partido em favor de seu candidato.

Com o término da campanha e a finalização dos lançamentos de todas as movimentações ocorridas durante o período eleitoral, a prestação de contas demonstrará a existência de sobras de campanha, de dívida de campanha ou de movimentação zerada.

4.1.5.3 Sobras de campanha (arts. 50 a 52)

As sobras financeiras de campanha são geradas quando as receitas arrecadadas são superiores às despesas realizadas. Essas sobras podem ter diversas fontes originárias: pessoas físicas, recursos próprios do candidato ou de partidos políticos e recursos públicos – Fundo Partidário (FP) e Fundo Especial de Financiamento de Campanha (FEFC).

No entanto, há outra espécie de sobras de campanha, composta dos bens e dos materiais permanentes adquiridos ou recebidos durante o período de campanha.

Um caso específico de recurso recebido durante a campanha não utilizado em sua totalidade e que não pode ser considerado sobra de campanha é o FEFC. Para esse tipo de recurso não utilizado, deve ser emitida uma Guia de Recolhimento da União (GRU), e o prestador de contas deve providenciar o pagamento em data anterior à entrega da prestação de contas final à Justiça Eleitoral.

A Resolução Eleitoral, em seu art. 52, determina que as instituições bancárias devem transferir o saldo financeiro do FEFC existente nas contas de candidatos e partidos ao Tesouro Nacional, por meio de GRU, em caso do não cumprimento dessa obrigação pelo prestador de contas até o dia 31 de dezembro do ano eleitoral. Geralmente, esse tipo de inconsistência só ocorre se o candidato não estiver sendo assessorado por um profissional de contabilidade, pois essa espécie de recurso não utilizado sempre é verificada no fechamento da prestação de contas, sendo, então, emitida uma GRU no valor total a ser quitado pelo candidato ou pela agremiação partidária.

4.1.5.4 Devolução das sobras de campanha: sobras financeiras do Fundo Partidário

As sobras oriundas do FP serão transferidas para a conta bancária do partido político destinada à movimentação dessa espécie de recurso.

A agremiação partidária que recebe recursos do FP já mantém uma conta específica para essa espécie de receita e essa conta não se encerra com o processo eleitoral. Ela permanece aberta enquanto o partido receber recurso público oriundo do FP.

4.1.5.5 Sobras financeiras de recursos de pessoas físicas e de recursos próprios do candidato

Nesses casos, as sobras devem ser transferidas para a conta bancária do partido que se destina à movimentação financeira de "Outros recursos", conforme disciplina a legislação de contas anuais dos partidos políticos – Lei n. 9.096, de 19 de setembro de 1995 (Brasil, 1995b) e Resolução n. 23.604, de 17 de dezembro de 2019 (Brasil, 2019b).

Se até o dia 20 de dezembro do ano eleitoral os candidatos não efetuarem a transferência das sobras para o órgão partidário da circunscrição, os bancos terão a obrigação de realizar o procedimento e comunicar imediatamente à Justiça Eleitoral.

> *Art. 51. Caso não seja cumprido o disposto no 1º do art. 50 desta Resolução até 20 de dezembro do ano eleitoral, os bancos devem efetuar a transferência do saldo financeiro da conta bancária eleitoral de candidatos, na forma do art. 31 da Lei nº 9.504/1997, dando imediata ciência ao juízo ou tribunal competente para a análise da prestação de contas do candidato, observando o seguinte: (Redação dada pela Resolução nº 23.665/2021):*
>
> *I – os bancos devem comunicar o fato previamente ao titular da conta bancária para que proceda, em até 10 (dez) dias antes do prazo previsto no caput, transferência das sobras financeiras de campanha ao partido político a que estiver vinculado, observada a circunscrição do pleito;*
> (Brasil, 2019c)

O partido político que receber as sobras financeiras efetuadas por meio de transferências realizadas por instituição bancária terão, obrigatoriamente, de identificar a origem e a forma de utilização desses recursos, lançá-los na contabilidade da agremiação partidária e prestar contas à Justiça Eleitoral, conforme disciplina a legislação.

Esclarecemos que o recurso financeiro deverá ser depositado pela instituição bancária na conta do diretório do partido da circunscrição correspondente à eleição. Se o órgão partidário não tiver a conta bancária para a movimentação dessa espécie de recurso, o banco deverá transferi-la para o diretório nacional do partido (art. 51, § 1º).

Após a transferência, o banco deverá encaminhar um ofício ao TSE e ao diretório nacional do partido informando a titularidade da conta encerrada e da conta de destino do recurso financeiro.

4.1.5.6 Sobras de bens e materiais permanentes adquiridos ou recebidos durante a campanha eleitoral

Esses bens passarão a integrar o patrimônio do partido político. O prestador de contas deverá transferir todos os bens e materiais permanentes para a agremiação partidária à qual é filiado.

Cabe ressaltar que, se o bem ou material permanente foi adquirido com recursos do FEFC, ele deverá ser alienado pelo valor de mercado, e o total arrecadado deverá ser recolhido ao Tesouro Nacional, mediante uma GRU.

No entanto, se o bem foi adquirido com recursos do FP, deverá ser providenciada sua alienação pelo valor de mercado, e o total da venda deverá ser transferido para a conta bancária do partido político, específica para a movimentação dessa espécie de recurso.

Frisamos que a Justiça Eleitoral poderá solicitar a comprovação da alienação ao valor de mercado, e a documentação comprobatória do recolhimento das sobras deve compor a prestação de contas final de campanha do candidato.

Inexistirão sobras de campanha na prestação de contas do partido quando o recurso for originário do FP, uma vez que a conta bancária específica para o depósito desse tipo de recurso já deve existir, caso o partido o receba.

Se a agremiação partidária não receber recursos do FP em período anterior à campanha, deverá abrir a conta específica, a qual não deve ser encerrada com o término das eleições, visto que a conta destinada a movimentar recursos do FP tem caráter permanente.

4.1.5.7 Dívidas de campanha (arts. 33 e 34)

Por regra, a arrecadação de recursos por candidatos e partidos tem de acontecer até o dia da eleição. No entanto, se a campanha finalizar com as despesas maiores do que as receitas, o prestador de contas estará com dívida de campanha, que deverá ser quitada até a data de entrega da prestação de contas final.

Se não houver a quitação da dívida de campanha, o candidato poderá solicitar ao partido que assuma tal obrigação e anexar os documentos comprobatórios da assunção da dívida na prestação de contas.

Os documentos exigidos para a comprovação da assunção da dívida pelo partido estão relacionados no art. 33, parágrafo 3º, incisos I, II e III:

Art. 33 [...]

§ 3º A assunção da dívida de campanha somente é possível por decisão do órgão nacional de direção partidária, com apresentação, no ato da prestação de contas final, de:

I – acordo expressamente formalizado, no qual dever o constar a origem e o valor da obrigação assumida, os dados e a anuência o credor;

II – cronograma de pagamento e quitação que não ultrapasse o prazo fixado para a prestação de contas da eleição subsequente para o mesmo cargo;

III – indicação da fonte dos recursos que ser o utilizados para a quitação do débito assumido. (Brasil, 2019c)

Com relação à dívida de campanha, se o prestador de contas não apresentar a autorização do órgão nacional para assunção da dívida pelo diretório estadual ou municipal do partido, ela não será considerada legítima para isso. Nesse caso, a responsabilidade de quitação da dívida será do candidato, que deverá assumir essa dívida oriunda de gastos realizados durante a campanha eleitoral.

4.1.5.8 Entrega da prestação de contas (arts. 53 a 57)

A Resolução Eleitoral determina que todo candidato, independentemente de ter realizado movimentação financeira e/ou estimada em dinheiro, deve entregar a prestação de contas de campanha à Justiça Eleitoral.

A prestação de contas de campanha tem suas especificidades, entre elas a arrecadação por meio do recurso estimável em dinheiro. Tal recurso necessita de detalhamento, como descrição do bem recebido, da quantidade, do valor unitário e da avaliação conforme os preços praticados no mercado local e sua respectiva identificação da fonte de avaliação.

Se a receita estimada se referir à doação de serviço, a avaliação deverá ser realizada e registrada na prestação de contas, conforme os preços praticados no mercado pelo doador. Nesse caso, só há legitimidade para fazer doação quando se tratar de prestação de serviços próprios ou da atividade econômica do doador.

O art. 53, inciso II, discrimina os documentos que devem compor a prestação de contas:

Art. 53 [...]

a) extratos das contas bancárias abertas em nome do candidato e do partido político, inclusive da conta aberta para movimentação de recursos do Fundo Partidário e daquela aberta para movimentação de recursos do Fundo Especial de Financiamento de Campanha (FEFC), quando for o caso, nos termos exigidos pelo inciso III do art. 3º desta Resolução, demonstrando a movimentação financeira ou sua ausência, em sua forma definitiva, contemplando todo o período de campanha, vedada a apresentação de extratos sem validade legal, adulterados, parciais ou que omitam qualquer movimentação financeira;

b) comprovantes de recolhimento (depósitos/transferências) à respectiva direção partidária das sobras financeiras de campanha;

c) documentos fiscais que comprovem a regularidade dos gastos eleitorais realizados com recursos do Fundo Partidário e com recursos do Fundo Especial de Financiamento de Campanha (FEFC), na forma do art. 60 desta Resolução;

d) declaração firmada pela direção partidária comprovando o recebimento das sobras de campanha constituídas por bens e/ou materiais permanentes, quando houver;

e) autorização do órgão nacional de direção partidária, na hipótese de assunção de dívida pelo partido político, acompanhada dos documentos previstos no § 3º do art. 33 desta Resolução;

f) instrumento de mandato para constituição de advogado para a prestação de contas, caso não tenha sido apresentado na prestação de contas parcial;

g) comprovantes bancários de devolução dos recursos recebidos de fonte vedada ou guia de recolhimento ao Tesouro Nacional dos recursos provenientes de origem não identificada;

h) notas explicativas, com as justificações pertinentes. (Brasil, 2019c)

Importante!

Embora não seja obrigatória a apresentação dos documentos fiscais referentes aos gastos com recursos de terceiros ou com recursos próprios, a Justiça Eleitoral poderá solicitar esses documentos. Por isso, é de suma importância que todas as despesas já estejam lançadas no SPCE acrescidas do documento comprobatório dos gastos, independentemente da origem do recurso que efetuou o pagamento.

4.1.5.9 Formato dos documentos que integram a prestação de contas (art. 53, § 1º)

Todos os documentos relacionados na subseção anterior devem constar na mídia eletrônica, gerada pelo SPCE, que será protocolada na Justiça Eleitoral.

Esses documentos têm formatação específica, devendo ser digitalizados conforme disposto no art. 53, parágrafo 1º, incisos I e II

Art. 53 [...]

I – Formato dos arquivos: PDF com reconhecimento ótico de caracteres (OCR) – dados pesquisáveis

II – Tamanho dos arquivos: até 10 megabytes, organizados em pastas nominadas, conforme documentos discriminados no art. 53, II, da Resolução TSE nº 23.607/19. (Brasil, 2019c)

Os documentos são armazenados em ambiente virtual da Justiça Eleitoral e divulgados integralmente, na página do TSE, no processo de prestação de contas de campanha eleitoral do candidato ou do partido político.

4.1.5.10 Envio da prestação de contas final à Justiça Eleitoral (arts. 54 e 55)

Após a eleição, os prestadores de contas deverão cumprir a obrigação de prestar contas de campanha, nas quais estarão lançadas todas as movimentações financeiras e/ou estimáveis em dinheiro ocorridas durante o período de campanha.

Na etapa de elaboração da prestação de contas, é necessário que candidatos, administradores financeiros, representantes de partidos políticos, advogados e demais auxiliares que estiveram envolvidos na campanha estejam disponíveis para o saneamento de dúvidas advindas do fechamento da prestação de contas e para o envio de toda a documentação à contabilidade.

Como já salientamos, a prestação de contas deve ser elaborada e transmitida à Justiça Eleitoral por meio do SPCE. Posteriormente ao envio eletrônico, o SPCE emitirá, automaticamente, o documento designado *Extrato da Prestação de Contas*, que contém o total das receitas arrecadadas e das despesas realizadas, discriminadas por espécie (conforme modelo apresentado na Figura 4.2).

Figura 4.2 – Extrato da prestação de contas final: documento gerado pelo SPCE

Tal documento confirma a entrega eletrônica das contas de campanha. No entanto, para concluir o processo, o prestador de contas tem de protocolar na Justiça Eleitoral a mídia eletrônica gerada pelo SPCE, contendo todos os documentos elencados no art. 53, inciso II. Somente após a validação dessa mídia, a Justiça Eleitoral emitirá o recibo de entrega, formalizando o adimplemento da obrigação de prestação de contas de campanha.

Alexandre Di Pietra | Raquel Maria Ferro Nogueira

4.1.5.11 Informações e documentos que devem constar na prestação de contas

As informações que devem constar na prestação de contas estão relacionadas no art. 53, inciso I:

Art. 53. Ressalvado o disposto no art. 62 desta Resolução, a prestação de contas, ainda que não haja movimentação de recursos financeiros ou estimáveis em dinheiro, deve ser composta:

I – pelas seguintes informações:

a) qualificação do candidato, dos responsáveis pela administração de recursos e do profissional habilitado em contabilidade e do advogado;

a) qualificação do prestador de contas, observado: (Redação dada pela Resolução nº 23.665/2021)

1. do candidato: a indicação do seu nome, dos responsáveis pela administração de recursos, do profissional habilitado em contabilidade e do advogado; (Incluído pela Resolução nº 23.665/2021)

2. do partido político: a indicação o do seu presidente, do tesoureiro, do profissional habilitado em contabilidade e do advogado. (Incluído pela Resolução nº 23.665/2021)

b) recibos eleitorais emitidos;

c) recursos arrecadados, com a identificação das doações recebidas, financeiras ou estimáveis em dinheiro, e daqueles oriundos da comercialização o de bens e/ou serviços e da promoção de eventos;

d) receitas estimáveis em dinheiro, com a descrição:

1. do bem recebido, da quantidade, do valor unitário e da avaliação pelos preços praticados no mercado, com a identificação da fonte de avaliação;

2. do serviço prestado, da avaliação realizada em conformidade com os preços habitualmente praticados pelo prestador, sem prejuízo da apuração o dos preços praticados pelo mercado, caso o valor informado seja inferior a estes;

e) doações es efetuadas a outros partidos políticos e/ou outros candidatos;

f) transferência financeira de recursos entre o partido político e seu candidato, e vice-versa;

g) receitas e despesas, especificadas;

h) eventuais sobras ou d vidas de campanha;

i) gastos individuais realizados pelo candidato e pelo partido político;

j) gastos realizados pelo partido político em favor da sua candidata ou do seu candidato;

k) comercialização de bens e/ou serviços e/ou da promoção de eventos, com a discriminação do período de realização, o valor total auferido, o custo total, as especificações necessárias à identificação da operação e a identificação das(os) adquirentes dos bens ou serviços;

l) conciliação bancária, com os débitos e os créditos ainda não lançados pela instituição bancária, a qual deve ser apresentada quando houver diferença entre o saldo financeiro do demonstrativo de receitas e despesas e o saldo bancário registrado em extrato, de forma a justificá-la; (Brasil, 2019c)

Após conferência das informações discriminadas no art. 53, inciso II, anexados ao SPCE, e do fechamento da prestação de contas, ocorrerá a etapa de gravação da mídia eletrônica, que deve conter os documentos relacionados no art. 53, inciso II, cujo conteúdo já reproduzimos na Seção 4.1.5.8.

Concluída a etapa de gravação da mídia contendo os documentos especificados, ela deverá ser entregue à Justiça Eleitoral, que emitirá o recibo de entrega da prestação de contas de campanha (Figura 4.3).

Figura 4.3 – Recibo de entrega da prestação de contas de campanha

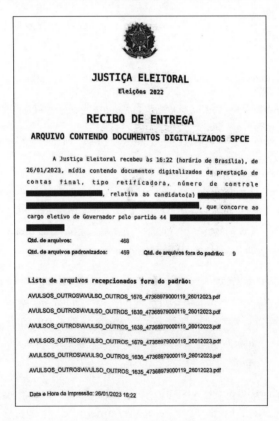

Esse documento é emitido pela Justiça Eleitoral e confirma a entrega da mídia eletrônica. Caso seja detectado algum problema

na mídia, o sistema da Justiça Eleitoral disparará um aviso de impossibilidade técnica de seu recebimento e notificará o candidato ou o partido para reapresentar a mídia com a prestação de contas.

O cumprimento da obrigação de entrega da prestação de contas será completado após o recebimento/validação da mídia eletrônica pela Justiça Eleitoral. Com isso, o prestador de contas fechará um ciclo e aguardará a análise, a diligência e o julgamento das contas apresentadas.

Apresentamos, a seguir, a síntese do procedimento de envio e entrega da prestação de contas.

Figura 4.4 – Processo de envio e entrega da prestação de contas de campanha eleitoral

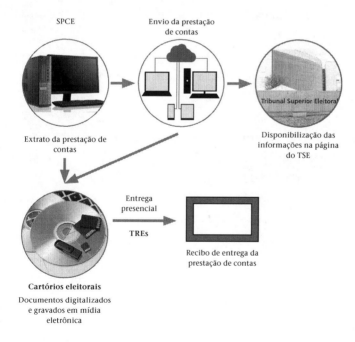

4.1.6 Comprovação das receitas e das despesas (arts. 57 e 58)

Toda a movimentação de campanha eleitoral deve ser registrada no SPCE e comprovada por documentação hábil, conforme determina a Resolução Eleitoral.

O momento de lançamento das receitas e das despesas é de suma importância para a análise e o posterior julgamento das contas. Se toda a documentação estiver anexada aos respectivos lançamentos no SPCE, no formato exigido pela Justiça Eleitoral, a probabilidade de inconsistências na prestação de contas é bem menor. Para tanto, é necessário que o prestador de contas conte com uma excelente equipe de apoio, visando manter a contabilidade de campanha sempre atualizada e impedindo omissão de qualquer ato ou fato ocorrido durante o período eleitoral.

Os documentos que comprovam as receitas e as despesas estão elencados nos arts. 57 a 61 da resolução, os quais detalharemos a seguir.

4.1.6.1 Comprovação das receitas financeiras

As receitas financeiras arrecadadas durante a campanha serão comprovadas por meio da correspondência entre o CPF ou o CNPJ do doador, cujo registro foi efetuado no SPCE com emissão do extrato eletrônico da conta bancária de campanha.

Nesse ponto, cabe ressaltar que a forma de arrecadação do recurso financeiro de valor igual ou superior a R$ 1.064,10 só poderá ser efetuada por meio de transferência eletrônica da conta do doador para a conta do beneficiário da doação.

As doações realizadas em desacordo com o que determina a legislação eleitoral não poderão ser utilizadas. Caso o doador seja identificado, o prestador de contas fará a restituição do valor em sua integralidade. Não havendo a possibilidade de identificação do doador, o recurso será classificado como de origem não identificada, devendo ser recolhido ao Tesouro Nacional, por meio de GRU.

4.1.6.2 Ausência de movimentação financeira (art. 57, §§ 1º, 2º e 3º)

Para comprovar a ausência de movimentação financeira, o prestador de contas, necessariamente, deve abrir a conta bancária de campanha. Ao término do pleito, o banco disponibilizará os extratos bancários sem movimentação ou poderá emitir uma declaração de ausência de movimentação, a qual deverá estar assinada pelo gerente.

Reforçamos que a ausência de movimentação financeira não exime o prestador de contas do registro, no SPCE, das receitas estimáveis em dinheiro arrecadadas durante todo o período de campanha.

4.1.6.3 Doações e cessões de bens ou serviços estimáveis em dinheiro (art. 58)

As receitas estimadas em dinheiro são relevantes em uma campanha eleitoral e seus lançamentos merecem cuidado especial, pois os valores registrados na prestação de contas não podem ser aleatórios, sem justificativa e abaixo do valor de mercado local.

O profissional de contabilidade a quem compete a prestação de contas deve fazer uma pesquisa prévia no mercado local para atribuir o preço médio de alguns tipos de receitas estimadas, como: locação de veículos, locação de bens móveis e imóveis e doação de serviços.

As doações de bens estimáveis em dinheiro devem ser avaliadas tomando-se como base os preços do mercado local no momento da cessão, e a comprovação será feita por documento fiscal ou comprovante emitido em nome do doador (em caso de dispensa

Alexandre Di Pietra | Raquel Maria Ferro Nogueira

do documento fiscal). Alertamos que a doação só terá legitimidade quando o bem for de propriedade do doador.

Quando a receita estimada for oriunda de cessões temporárias de bens móveis e imóveis, os documentos comprobatórios serão o instrumento ou termo de cessão de bens e o comprovante de propriedade do bem cedido. O termo de cessão pode ser elaborado pelo profissional de contabilidade, no qual são detalhados os dados do doador e do bem cedido.

Por fim, quando a receita estimada for originária de doação de serviços de pessoas físicas, deverá se apresentar o instrumento ou termo de doação de prestação de serviços. É imprescindível que o serviço doado seja produto da atividade econômica do doador ou de serviço próprio.

Para a avaliação do valor do serviço doado, devem ser levados em consideração os preços habitualmente praticados no mercado pelo doador, adequando-os ao mercado local com a discriminação da fonte de avaliação.

4.1.6.4 Comprovação das despesas (arts. 60 e 61)

As despesas serão comprovadas por meio de documentos fiscais idôneos, cuja emissão deve estar em nome do candidato ou do partido político, sem emendas ou rasuras, com todos os dados preenchidos: data de emissão, descrição detalhada, valor da operação, identificação do emitente e do destinatário ou dos contraentes (nome ou razão social, CPF ou CNPJ e endereço).

Se a emissão do documento fiscal estiver dispensada, conforme a legislação, as despesas efetuadas por candidatos e partidos políticos poderão ser comprovadas por recibo com a data de emissão, a descrição e o valor, a identificação do destinatário e do emitente (nome ou razão social, CPF ou CNPJ, endereço e assinatura do prestador de serviço).

A legislação admite, além das notas fiscais, como comprovação de despesas, outros documentos idôneos, como o contrato, o comprovante de entrega de material ou da prestação do serviço realizado, a Guia do FGTS e Informações da Previdência Social (GFIP).

Além da documentação explicitada, a Justiça Eleitoral poderá requerer registros adicionais como comprovação de gastos realizados pelo prestador de contas. Portanto, por medida de segurança, recomendamos que a nota de entrega do material seja assinada pelo responsável pelo recebimento e acompanhada de amostra do material gráfico confeccionado, assim como fotos e gravações dos eventos realizados.

Cabe ressaltar a importância da apresentação da materialidade dos gastos, especialmente se foram pagos com recursos do FP ou do FEFC. Entre os gastos que precisam ter um criterioso controle, enfatizamos as despesas com militância, combustíveis, material gráfico, publicidade e *jingles* de campanha. É imprescindível anexar na prestação de contas a prova material desses gastos. A fim de evitar inconsistências, deve-se apresentar toda a documentação que comprove a efetiva utilização do recurso financeiro com os gastos anteriormente nominados. Considere-se o seguinte exemplo: da despesa com material impresso deve ser comprovada a materialidade com fotos do material gráfico confeccionado, conforme as tiragens discriminadas nas notas fiscais, assim como o recibo de entrega devidamente assinado pelo agente responsável da equipe do prestador de contas, além de fotos e vídeos de militantes e/ou simpatizantes com o material gráfico adquirido.

Os gastos com militância devem ter a materialidade comprovada por meio de relatórios detalhados com nome, local de trabalho, dias trabalhados, horário, fotos e vídeos.

Alexandre Di Pietra | Raquel Maria Ferro Nogueira

Algumas despesas efetuadas por candidatos e partidos políticos estão dispensadas de comprovação na prestação de contas, conforme menciona o art. 60, parágrafo 4º, da resolução:

Art. 60 [...]

§ 4º Ficam dispensadas de comprovação na prestação de contas:

I – a cessão de bens móveis, limitada ao valor de R$ 4.000,00 (quatro mil reais) por pessoa cedente;

II – doações estimáveis em dinheiro entre candidatos ou partidos decorrentes do uso comum tanto de sedes quanto de materiais de propaganda eleitoral, cujo gasto deverá ser registrado na prestação de contas do responsável pelo pagamento da despesa.

III – a cessão de automóvel de propriedade do candidato, do cônjuge e de seus parentes até o terceiro grau para seu uso pessoal durante a campanha. (Brasil, 2019c)

A Resolução Eleitoral, no art. 60, parágrafo 6º, também conceitua a expressão *uso comum*:

Art. 60 [...]

§ 6º Para fins do disposto no inciso II do § 4º, considera-se "uso comum":

I – de sede: o compartilhamento de imóvel para instalação de comitê de campanha e realização de atividades de campanha eleitoral, compreendido no valor da doação estimável o uso e/ou a locação do espaço, assim como as despesas para sua manutenção, exceatuadas as despesas com pessoal, regulamentadas na forma do art. 41 desta Resolução;

II – de materiais de propaganda eleitoral: a produção de materiais publicitários que beneficiem duas ou mais campanhas eleitorais. (Brasil, 2019c)

Convém ressaltar que a dispensa de comprovação de documentos referentes às receitas estimadas relacionadas no parágrafo 4º do art. 60 da resolução não exime a obrigação de lançar, na prestação de contas, os valores referentes a essas doações recebidas.

4.1.6.5 Comprovação de despesas com passagens aéreas (art. 60, § 7º)

Quando se tratar de passagens aéreas, a comprovação será por meio de fatura ou de duplicata emitida pela agência de viagens, se a passagem for adquirida por esse meio, com indicação dos beneficiários, das datas e dos itinerários.

4.1.6.6 Despesas com material de campanha (art. 60, § 8º)

Quanto ao material impresso utilizado na campanha, assinalamos que, no corpo da nota fiscal, deverá sempre constar as dimensões do material produzido, além dos outros dados obrigatórios já relacionados – data de emissão, descrição detalhada, valor da operação, identificação do emitente e do destinatário ou dos contraentes (nome ou razão social, CPF ou CNPJ e endereço).

4.1.6.7 Autofinanciamento (art. 61)

Os recursos financeiros próprios aplicados em campanha têm tratamento específico e a Justiça Eleitoral pode requisitar os documentos comprobatórios da origem e da disponibilidade desses recursos, como forma de demonstração da licitude da arrecadação de receita.

O candidato tem limitações para aplicar recursos próprios em campanha, isto é, só pode doar até 10% do limite de gastos estipulado para o cargo a que está concorrendo. Deve-se dar especial atenção a esse importante detalhe, pois o controle deve ser efetivo para não ultrapassar o limite do autofinanciamento.

(4.2)
PRESTAÇÃO DE CONTAS SIMPLIFICADA

A Lei n. 13.165, de 29 de setembro de 2015 (Brasil, 2015b), instituiu a prestação de contas simplificada quando a movimentação financeira de campanha não ultrapassar o valor de R$ 20.000,00 (vinte mil reais), a qual deverá ser atualizada a cada eleição conforme o Índice Nacional de Preços ao Consumidor (INPC).

Segundo a Resolução Eleitoral, em seu art. 62, parágrafo 2º, a definição de movimentação financeira é "o total das despesas contratadas e registradas na prestação de contas" (Brasil, 2019c).

4.2.1 CONCEITO

A prestação de contas simplificada depende do sistema de análise técnica desenvolvido para esse tipo de prestação de contas de campanha eleitoral.

Inicialmente, o exame das contas consideradas simplificadas deve ser totalmente informatizado sem nenhum tipo de análise ou conferência manual a ser efetuada pelo analista de contas.

Então, o que a legislação eleitoral denomina *prestação de contas simplificada* se refere ao *modus operandi* com que a Justiça Eleitoral analisará os dados contidos nessas contas, ou seja, sem interferência humana para realizar o exame da documentação e dos dados inconsistentes. Esclarecemos que esse exame simplificado segue critérios predefinidos pela legislação eleitoral e, caso seja detectada alguma irregularidade, o procedimento simplificado poderá ser alterado para o exame com análises informatizadas e manuais.

4.2.2 OBJETIVOS DA ANÁLISE INFORMATIZADA DA PRESTAÇÃO DE CONTAS SIMPLIFICADA

A análise técnica da prestação de contas simplificada tem como objetivo detectar:

- o recebimento direto ou indireto de fontes vedadas;
- o recebimento de recursos de origem não identificada;
- a extrapolação de limite de gastos;
- a omissão de receitas e gastos eleitorais;
- a não identificação de doadores originários das doações recebidas de outros prestadores de contas.

O procedimento de análise simplificada de contas é marcado com o viés positivo, ou seja, pela aprovação de plano, com os elementos presentes nos autos, conforme estabelece o art. 67:

Art. 67. As contas serão julgadas sem a realização de diligências, desde que verificadas, cumulativamente, as seguintes hipóteses:

I – inexistência de impugnação;

II – emissão de parecer conclusivo pela unidade técnica nos tribunais, ou pelo chefe de cartório nas zonas eleitorais, sem identificação de nenhuma das irregularidades previstas nos incisos I a V do art. 65;

III – parecer favorável do Ministério Público. (Brasil, 2019c)

Observe-se que, uma vez retirado o viés positivo pela ausência objetiva, nesse primeiro momento, o poder de diligência converte-se em um dever saneador, conforme expresso na segunda parte do art. 66:

> *Art. 66. Não sendo possível decidir de plano sobre a regularidade das contas, na forma do art. 74, com os elementos constantes dos autos, a autoridade eleitoral determinará a realização de diligência, que deverá ser cumprida no prazo de 3 (três) dias, seguindo-se novas manifestações da unidade técnica nos tribunais, e do chefe de cartório nas zonas eleitorais, e do Ministério Público, este no prazo de 2 (dois) dias, após o que o feito será julgado.* (Brasil, 2019c)

O exame simplificado e informatizado da prestação de contas não altera sua forma de elaboração, ou seja, toda movimentação de campanha deve ser registrada e enviada à Justiça Eleitoral pelo SPCE.

Detalharemos, a seguir, os documentos que devem compor a prestação de contas simplificada.

- Extratos das contas bancárias abertas em nome do candidato e do partido político, inclusive da conta aberta para os recursos do FP e daquela aberta para os recursos do FEFC, quando for o caso, demonstrando a movimentação financeira ou sua ausência, em sua forma definitiva, contemplando todo o período de campanha. É vedada a apresentação de extratos sem validade legal, adulterados, parciais ou que omitam qualquer movimentação financeira.
- Comprovantes de recolhimento (depósitos ou transferências) à respectiva direção partidária das sobras financeiras de campanha.
- Declaração firmada pela direção partidária comprovando o recebimento das sobras de campanha constituídas por bens e/ou materiais permanentes, quando houver.

- Instrumento de mandato para a constituição de advogado para a prestação de contas, caso não tenha sido apresentado na prestação de contas parcial.

Se o prestador de contas receber recursos originários do FP ou do FEFC, ele deverá, obrigatoriamente, apresentar todos os documentos comprobatórios dos gastos de campanha pagos com essas espécies de recursos.

Os documentos que integrarão a prestação de contas simplificada devem ser digitalizados e anexados aos respectivos lançamentos, conforme determina o art. 53, em seu parágrafo 1º, incisos I e II:

Art. 53 [...]

§ 1º Os documentos a que se refere o inciso II do caput deste artigo devem ser digitalizados e apresentados exclusivamente em mídia eletrônica gerada pelo SPCE, observando os seguintes par metros, sob pena de reapresentação:

I – formato PDF com reconhecimento ótico de caracteres (OCR), tecnologia que torna os dados pesquisáveis;

II – arquivos com tamanho não superior a 10 megabytes, organizados em pastas nominadas de forma a identificar as alíneas do inciso II do caput deste artigo a que se referem. (Brasil, 2019c)

Ressaltamos que a técnica do exame simplificado informatizado tem como finalidade a celeridade do julgamento das contas de campanha com movimentação financeira até o valor de R$ 20.000,00 (vinte mil reais), atualizados pelo INPC. Portanto, são prestações de contas de pouca complexidade e com baixa probabilidade de irregularidades. Por fim, a legislação faculta a aplicação do exame simplificado aos candidatos não eleitos.

Alexandre Di Pietra | Raquel Maria Ferro Nogueira

(4.3)
IMPUGNAÇÃO DA PRESTAÇÃO DE CONTAS

Após a entrega eletrônica da prestação de contas, a Justiça Eleitoral publicará edital com os dados contidos nas contas para que qualquer partido, candidato ou coligação, Ministério Público ou qualquer cidadão façam a devida impugnação, no prazo máximo de três dias. Detalharemos, a seguir, o trâmite do processo de contas quando houver impugnação aos dados apresentados à Justiça Eleitoral.

4.3.1 IMPUGNAÇÃO
(ART. 56)

Previamente à análise técnica, por óbvio, deve ocorrer a transmissão, pelo SPCE, da prestação de contas.

No entanto, para concluir o processo de apresentação das contas de campanha, deve ser entregue a mídia eletrônica, gerada pelo SPCE, contendo todos os documentos exigidos pelo art. 53, inciso II. Com a recepção da mídia pela Justiça Eleitoral, será emitido o recibo de entrega, concluindo, assim, essa etapa do processo de contas de campanha.

Se a mídia eletrônica gerada pelo SPCE apresentar erro, o prestador de contas deverá reapresentá-la para não ter as contas julgadas como não prestadas.

A entrega da prestação de contas é seguida, necessariamente, por sua divulgação na página do TSE, na internet, e pela publicação do **edital de impugnação**, com fins de garantir a necessária transparência (controle social e acompanhamento pelos pares), de acordo com o art. 56:

*Art. 56. Com a apresentação das **contas finais**, a Justiça Eleitoral **disponibilizará as informações** a que se refere o inciso I do caput do art. 53 desta Resolução, bem como os extratos eletrônicos encaminhados à Justiça Eleitoral, **na página do TSE na internet**, e determinará a imediata publicação de edital para que qualquer partido político, candidato ou coligação, o Ministério Público, bem como **qualquer outro interessado** possam impugná-las no prazo de 3 (três) dias.* (Brasil, 2019c, grifo nosso)

O parágrafo 1º do art. 56 da Resolução Eleitoral descreve que a impugnação deve ser formulada em petição para o relator ou para o juiz eleitoral, com o relato dos fatos e a indicação de provas, indícios e circunstâncias.

Havendo impugnação à prestação de contas dos candidatos e dos partidos políticos, deverá ser expedida notificação pela Justiça Eleitoral para que o impugnado se manifeste no prazo de três dias. Após a manifestação ou não do impugnado, o processo será encaminhado para ciência do Ministério Público.

Quando se tratar de prestação de contas simplificada, a **impugnação** modifica o tipo de análise e julgamento, uma vez que lhe retira o viés positivo, que é natural desse tipo de contas.

Com fundamento constitucional na ampla defesa e no exercício do contraditório, o candidato impugnado deverá expor as razões e os motivos que julgar pertinentes aos fatos alegados.

Art. 56. [...]

§ 2º As impugnações à prestação de contas dos candidatos e dos respectivos partidos políticos, inclusive dos coligados, serão juntadas aos próprios autos da prestação de contas, e o cartório eleitoral ou a Secretaria do Tribunal notificará imediatamente o candidato ou o órgão partidário para manifestação no prazo de 3 (três) dias.

§ 3º Apresentada, ou não, a manifestação do impugnado, transcorrido o prazo previsto no § 2º deste artigo, o cartório eleitoral ou a Secretaria do Tribunal cientificará o Ministério Público da impugnação, caso o órgão não seja o impugnante.

§ 4º A disponibilização das informações previstas no caput, bem como a apresentação, ou não, de impugnação não impedem a atuação do Ministério Público como custos legis nem o exame das contas pela unidade técnica ou pelo responsável por sua análise no cartório eleitoral.
(Brasil, 2019c)

A ciência do Ministério Público como custos legais (art. 56, § 4º) é imediata, após o prazo de manifestação do impugnado, em que deve certificar a oferta do exercício do contraditório, possibilitando a ampla defesa daquele. Entretanto, a impugnação pode partir do Ministério Público pelo exercício de seu direito de ação, o que não o impede de prosseguir no feito e não será argumento de defesa.

Se não houver **impugnação, impropriedades ou irregularidades no exame técnico realizado pela Justiça Eleitoral,** as contas simplificadas poderão ser julgadas de plano, sem a necessidade de realização de diligências.

Art. 67. As contas serão julgadas sem a realização de diligências, desde que verificadas, cumulativamente, as seguintes hipóteses:

I – inexistência de impugnação;

II – parecer técnico sem irregularidades previstas no art. 71; e

III – parecer favorável do Ministério Público. (Brasil, 2019c)

Esse modo de análise e julgamento mais favorável pode ser chamado de ***julgamento de plano.***

Para saber mais

BRASIL. Tribunal Superior Eleitoral. **Instalação do Sistema de Prestação de Contas Eleitorais (SPCE)**: cadastro. Disponível em: https://www.tse.jus.br/eleicoes/eleicoes-2020/prestacao-de-contas/instalacao-do-sistema-de-prestacao-de-contas-eleitorais-spce-cadastro. Acesso em: 24 maio 2023. Nesse endereço, são publicadas as contas eleitorais.

BRASIL. Tribunal Superior Eleitoral. **Prestação de contas eleitorais**. 2023. Disponível em: https://www.tse.jus.br/eleicoes/historia/processo-eleitoral-brasileiro/contas-eleitorais/prestacao-de-contas-eleitorais. Acesso em: 24 maio 2023.

Nessa página, são disponibilizadas as publicações da Justiça Eleitoral sobre prestação de contas eleitorais.

> ## Consultando a legislação
>
> BRASIL. Lei n. 9.504, de 30 de setembro de 1997. **Diário Oficial da União**, Poder Legislativo, Brasília, DF, 1º out. 1997. Disponível em: http://www.planalto.gov.br/ccivil_03/leis/L9504.htm. Acesso em: 17 maio 2023.
>
> BRASIL. Lei n. 9.096, de 19 de setembro 1995. **Diário Oficial da União**, Poder Legislativo, Brasília, DF, 20 set. 1995. Disponível em: https://www.planalto.gov.br/ccivil_03/leis/l9096.htm. Acesso em: 17 maio 2023.

> BRASIL. Tribunal Superior Eleitoral. Secretaria de Gestão da Informação e do Conhecimento. Coordenadoria de Jurisprudência e Legislação. Seção de Legislação. Resolução n. 23.607, de 17 e dezembro de 2019. **Diário da Justiça Eleitoral**, Poder Judiciário, Brasília, DF, 27 dez. 2019. Disponível em: https://www.tse.jus.br/legislacao/compilada/res/2019/resolucao-no-23-607-de-17-de-dezembro-de-2019. Acesso em: 17 maio 2023.
> Sugerimos a leitura na íntegra da legislação indicada.

Síntese

Neste capítulo, explicitamos que a entrega das contas é um procedimento tecnológico e consiste na geração de informações e documentos eletrônicos destinados à Justiça Eleitoral.

O conceito de prestação de contas é deslocado para o registo concomitante de todos os atos de gestão financeira alcançados desde o início da campanha. Dessa forma, durante a campanha, devem ser reunidos os documentos e as informações que ao final serão entregues eletronicamente à Justiça Eleitoral.

Questões para revisão

1. Analise as afirmativas a seguir e marque com V as verdadeiras e com F as falsas.

   ( ) A obrigação de prestar contas é inerente a todos que utilizam recursos públicos.

   ( ) Os partidos políticos, em todas as esferas, devem prestar contas de campanha, independentemente de participarem do pleito eleitoral.

( ) O candidato que renunciar à candidatura não tem a obrigação de prestar contas de campanha à Justiça Eleitoral.

( ) Os candidatos a vice e os suplentes prestam contas em conjunto com o titular.

( ) A prestação de contas final é encaminhada pelo SPCE para o TSE e os documentos são gravados em mídia eletrônica para entrega à Justiça Eleitoral.

Agora, assinale a alternativa que apresenta a sequência correta:

a) F, V, V, V, F.
b) V, V, F, V, V.
c) F, V, V, F, V.
d) V, F, V, V, V.
e) F, V, V, V, F.

2. Com relação às sobras de campanha, analise as proposições a seguir:

I) As sobras financeiras originárias de recursos do fundo partidário devem ser transferidas à União.

II) As sobras financeiras originárias do FEFC devem ser transferidas aos respectivos partidos políticos.

III) As sobras de campanha compostas de bens permanentes adquiridos por meio de recursos de pessoas físicas devem ser transferidas para o partido político.

IV) As sobras financeiras de campanha devem ser comprovadas pelas transações financeiras (depósitos/transferências) à respectiva direção partidária.

Agora, assinale a alternativa que indica somente a(s) afirmativa(s) correta(s):

a) I e IV.
b) II e III.
c) III e IV.
d) I e III.
e) II e IV.

3. Sobre os documentos que integram a mídia e o envio das contas, podemos afirmar:

a) Devem ser digitalizados, em formato PDF, com reconhecimento ótico de caracteres (OCR).

b) O tamanho dos arquivos deve ser de até 10 megabytes.

c) Após o envio do arquivo com os dados da prestação de contas, o SPCE emitirá o extrato da prestação de contas final.

d) O extrato da prestação de contas final confirma a entrega eletrônica da prestação de contas de campanha.

e) Todas as alternativas anteriores são verdadeiras.

4. No que diz respeito à comprovação das despesas, analise as proposições a seguir:

I) Devem ser comprovadas por documentos fiscais idôneos, sem emendas ou rasuras, com identificação do emitente e do destinatário.

II) Também podem ser comprovadas por outros documentos: contrato, comprovante de entrega do material ou da prestação do serviço realizado, Guia de Recolhimento do FGTS e de Informações da Previdência Social (GFIP).

III) São dispensadas de comprovação e registro na prestação de contas: a cessão de automóvel de propriedade do candidato, do cônjuge e de seus parentes até o terceiro grau, para seu uso pessoal durante a campanha.

IV) As doações estimáveis em dinheiro entre candidatos ou partidos decorrentes do uso comum tanto de sedes quanto de materiais de propaganda eleitoral estão dispensadas de comprovação na prestação de contas.

Agora, assinale a alternativa que indica todas a(s) afirmativa(s) correta(s):

a) I, II e III.
b) II e IV.
c) III e IV.
d) I, II e IV.
e) II e III.

5. Sobre a prestação de contas simplificada, marque com V as afirmativas verdadeiras e com F as falsas:

( ) Tem como requisito as contas de candidatos com movimentação financeira de até R$ 20 mil, atualizados pelo INPC.

( ) Caracteriza-se pela análise simplificada e informatizada.

( ) A elaboração das contas simplificada não deve ser feita por meio do SPCE.

( ) Em caso de utilização de recursos públicos, os documentos comprobatórios dos gastos realizados não compõem a prestação de contas.

Alexandre Di Pietra | Raquel Maria Ferro Nogueira

Agora, assinale a alternativa que apresenta a sequência correta:

a) F, F, V, V.
b) V, F, F, F.
c) F, F, F, V.
d) V, F, V, V.
e) V, V, F, F.

Questões para reflexão

1. Existem contas simplificadas? Explique.

2. Descreva como o exercício do direito de impugnação das contas se relaciona com o conceito de transparência.

3. O conceito de comprovação para a análise de contas eleitorais está vinculado à regulamentação normativa, sendo necessária a apresentação do documento requisitado. Esse é um conceito absoluto ou admite prova em contrário?

4. *Materialidade* é um termo jurídico concernente à comprovação da existência ou não de um direito. Na seara penal, considera-se *materialidade do fato delitivo* o conjunto de provas de que o crime ocorreu, e *materialidade contábil*, o grau de relevância de uma informação no contexto contábil. A análise das contas busca afirmar qual dessas materialidades?

5. A entrega das contas à Justiça Eleitoral pode ser considerada um sinônimo de prestação de contas?

6. No Brasil, o candidato deve prestar contas de sua campanha, mas é o partido que o escolhe, faz seu registro de candidatura e, depois que aquele é eleito, este ainda é o detentor da vaga, se ela for proporcional. Isso está correto em sua análise?

Capítulo 5
Análise das contas[1]

---
[1] Os itens jurídicos (artigos, parágrafos, incisos e alíneas) mencionados neste capítulo são da Resolução n. 23.607, de 17 de dezembro de 2019 (Brasil, 2019c), exceto quando for indicada uma norma específica.

Conteúdos do capítulo

- Análise das prestações de contas de campanha.
- Diligências e circularizações.
- Retificação da prestação de contas.
- Parecer técnico conclusivo.
- Ministério Público Eleitoral.

Após o estudo deste capítulo, você será capaz de:

1. descrever o procedimento de análise das contas eleitorais;
2. identificar os parâmetros da análise técnica, seu conceito, seu escopo e suas fases;
3. indicar, no conjunto de informações, os principais objetos dessa análise;
4. descrever as etapas do processo de exame da contas, de diligências e do parecer técnico conclusivo;
5. explicar a atuação do Ministério Público Eleitoral e os efeitos de seu parecer.

Neste capítulo, apresentaremos a visão interna da Justiça Eleitoral bem como a visão externa do prestador de contas. O tema central é a auditoria no processo de prestação de contas exercida pela Justiça Eleitoral como expressão de seu poder-dever de fiscalização, marcado pela necessidade da Justiça Eleitoral de produzir uma peça técnica denominada *parecer técnico conclusivo* para dar suporte ao julgamento que será realizado pela autoridade judicial.

Paralelamente, e com base nos mesmos autos do procedimento de contas, o Ministério Público irá emitir seu parecer. Ambos os pareceres estão sujeitos ao princípio do contraditório e da ampla defesa no devido processo legal, o que garante ao prestador a necessidade de efetiva participação.

(5.1)
ANÁLISE DAS PRESTAÇÕES DE CONTAS DE CAMPANHA

O procedimento de exame da prestação de contas é composto de atos administrativos concatenados em ordem cronológica, resultando na formação de opinião quanto à regularidade ou não das contas de campanha eleitoral.

Versaremos, a seguir, sobre o exame técnico das contas de campanha, incluindo suas particularidades e os procedimentos adotados pela Justiça Eleitoral com vistas a esclarecer fatos e sanear inconsistências detectadas na prestação de contas, quando admissíveis pela legislação eleitoral.

O Tribunal Superior Eleitoral (TSE) conceitua prestação de contas de campanha eleitoral como

Alexandre Di Pietra | Raquel Maria Ferro Nogueira

o ato pelo qual os partidos políticos que participam do pleito e os seus candidatos dão conhecimento à Justiça Eleitoral dos valores arrecadados e dos gastos eleitorais efetuados, em cumprimento ao que dispõe a Lei das Eleições (Lei nº 9.504/97). (Brasil, 2019a)

O procedimento de exame de contas implica a tarefa que dá nome a este capítulo, cuja finalidade é oferecer um roteiro seguro para a compreensão dessa importante etapa do processo eleitoral.

5.1.1 FASES DO PROCEDIMENTO DE PRESTAÇÃO DE CONTAS DE CAMPANHA

A fim de fornecer um modelo didático, simplificamos a sequência de atos do processo de prestação de contas, no qual está inserido o exame das contas eleitoral, delimitando-o até o julgamento, que fica assim resumido:

- Escrituração da movimentação de campanha (contabilidade eleitoral).
- Envio eletrônico de relatórios financeiros.
- Envio eletrônico da prestação de contas parcial.
- Digitalização da documentação.
- Envio eletrônico da prestação de contas final.
- Geração da mídia eletrônica para entrega à Justiça Eleitoral.
- Protocolo da mídia contendo a prestação de contas final.
- Impugnação: controle social (três dias) e defesa (três dias).
- **Análise técnica da prestação de contas.**
- Relatório preliminar de diligência.
- Irregularidades: intimação; diligências; resposta (três dias[2]).

---

2   Contados a partir da intimação.

- Parecer técnico conclusivo.
- Parecer do Ministério Público Eleitoral (MPE): favorável ou desfavorável (dois dias).
- Julgamento.

A **análise técnica** se inicia, formalmente, após a entrega da prestação de contas final, aguardando-se o prazo de três dias para eventual impugnação por partido político, candidato ou coligação, Ministério Público (MP) ou qualquer outro interessado. Em caso de impugnação, o prestador de contas tem o prazo de três dias para manifestar-se.

Entretanto, se houver determinação do juiz eleitoral ou do relator, o início da análise poderá ser antecipado para após a entrega da prestação de contas parcial, exigindo-se a intervenção judicial a qualquer tempo, com ou sem a remessa dos autos ao MP.

Resumindo-se ainda mais, em apertada síntese, admitimos apenas dois grandes grupos de informações, quais sejam:

1. Escrituração e entrega.
2. Análise e julgamento.

5.1.2 Análise das contas

A análise é um conjunto de atos administrativos e judiciais no procedimento e processamento das contas eleitorais com vistas à verificação de ilegalidades, irregularidades e impropriedades.

No entanto, a análise das contas também é um **projeto de trabalho** administrativo da Justiça Eleitoral cujo fito é selecionar a melhor técnica a ser aplicada, conforme as características de cada caso concreto. Nesse projeto de trabalho, ou, melhor dizendo, no plano de trabalho, é que se inserem as tarefas a serem realizadas, as

Alexandre Di Pietra | Raquel Maria Ferro Nogueira

quais tendem à obtenção de um resultado, qual seja, o julgamento da prestação de contas.

Um dos **objetivos** da ação de exame das contas é propiciar o julgamento, independentemente do resultado, seja pela aprovação, seja pela desaprovação, ou, ainda, pela não prestação de contas.

A análise é uma orientação de tarefas com vistas a um objetivo certo, a um resultado predeterminado; ela impõe limites operacionais, jurídicos, materiais e econômicos. A esta orientação chamamos aqui *escopo*.

5.1.2.1 Escopo da análise

O escopo, no âmbito da gestão de projetos, designa a especificação do limite em que os recursos de sistema podem ser utilizados, ou seja, seu propósito.

A **análise de contas** é muito semelhante a uma auditoria de processos ou mesmo uma auditoria contábil, mas com elas não se confunde por ter objetivos diferentes. Delas, aproveita alguns conceitos: o escopo, o plano de trabalho, os achados, as evidências etc.

Na prática, a semelhança atrapalha a compreensão do analista, pois a análise não é um processo de depuração para a obtenção de uma contabilidade eleitoral perfeita. Em outras palavras, não é a contabilidade eleitoral que está em análise, mas a **demonstração da origem e da destinação dos recursos aplicados durante a campanha eleitoral**.

Portanto, trata-se da obtenção de informações quanto à origem e ao destino dos recursos eleitorais utilizados pelo candidato ou pelo partido. Registramos, a contabilidade eleitoral, com suas regras e princípios, é a melhor técnica para a gestão e a demonstração dessas informações.

É nesse contexto que devem ser aplicadas as normas do Conselho Federal de Contabilidade (CFC), com seus institutos e princípios, o que contribui para as melhores práticas, sem, contudo, impedir a análise das provas e dos documentos em sua materialidade. Eis o que está expresso na Resolução Eleitoral:

Art. 45. [...]

§ 4º A arrecadação de recursos e a realização de gastos eleitorais devem ser acompanhadas por profissional habilitado em contabilidade desde o início da campanha, o qual realizará os registros contábeis pertinentes e auxiliará o candidato e o partido na elaboração da prestação de contas, **observando as normas estabelecidas pelo Conselho Federal de Contabilidade** *e as regras estabelecidas nesta Resolução.* (Brasil, 2019c, grifo nosso)

(5.2)
ANÁLISE TÉCNICA DA PRESTAÇÃO DE CONTAS DE CAMPANHA

A análise técnica das contas é realizada pelas unidades técnicas dos Tribunais Eleitorais ou pelos responsáveis nos cartórios eleitorais.

A Justiça Eleitoral tem o poder de requisitar técnicos do Tribunal de Contas da União (TCU), dos estados e dos tribunais e dos conselhos de contas dos municípios, além de requisitar servidores ou empregados dos municípios ou pessoas idôneas da comunidade com formação técnica compatível.

Os requisitados com impedimentos devem apresentar as justificativas com base no art. 120, incisos I, II, III e IV, do Código Eleitoral – Lei n. 4.737, de 15 de julho de 1965 – se for o caso.

Art. 120. [...]

§ 1º Não podem ser nomeados presidentes e mesários:

I – os candidatos e seus parentes ainda que por afinidade, até o segundo grau, inclusive, e bem assim o cônjuge;
II – os membros de Diretórios de partidos desde que exerçam função executiva;
III – as autoridades e agentes policiais, bem como funcionários no desempenho de cargos de confiança do Executivo;
IV – os que pertencerem ao serviço eleitoral. (Brasil, 1965)

Com vistas ao cumprimento do objetivo da análise técnica, a legislação concede à Justiça Eleitoral, por meio dos órgãos técnicos e responsáveis, poderes e deveres específicos, nomeadamente:

- poder de promover diligências e circularizações;
- dever legitimado para solicitar ao juiz a **quebra de sigilo** bancário e fiscal;
- poder para determinar a necessidade de retificação de dados;
- poder para determinar o início antecipado da análise técnica;
- poder para determinar a suspenção da análise para momento posterior.

A análise técnica pode ser iniciada ainda durante o período eleitoral, logo após a prestação de contas parcial:

Art. 48. [...]

*§ 2º A relatora ou o relator ou a juíza ou o juiz eleitoral pode determinar o imediato início da análise das contas **com base nos dados** constantes da prestação de contas parcial e nos demais que estiverem disponíveis. (Brasil, 2019c, grifo nosso)*

O objetivo da análise é cumprir o escopo da auditoria, fazendo-se conhecer a origem e o destino de todos os recursos eleitorais movimentados, quer sejam financeiros, quer sejam estimáveis em dinheiro. A análise da prestação de contas orienta-se por critérios previamente definidos pela Justiça Eleitoral no intuito de uniformizar os pareceres conclusivos. Para a análise dos documentos comprobatórios anexados à prestação de contas, a Justiça Eleitoral poderá utilizar a técnica de amostragem, sendo obrigatória a elaboração do plano de amostragem para encaminhamento e autorização prévia da autoridade judicial.

A **circularização** é uma técnica de auditoria a qual permite confirmar dados ou sanar inconsistências detectadas durante o exame da prestação de contas. A Justiça Eleitoral seleciona, aleatoriamente, doadores e/ou fornecedores de campanha para encaminhar a circularização e estipula o prazo para resposta. Por sua vez, o doador e/ou fornecedor deve responder fidedignamente ao que foi solicitado, sob pena de incorrer nas penas previstas no art. 348 e seguintes do Código Eleitoral.

Em especial, no caso de utilização de recursos públicos, como o Fundo Especial de Financiamento de Campanha (FEFC) e o Fundo Partidário (FP), há o dever de examinar a materialidade de toda a documentação recebida por meio da mídia eletrônica que foi protocolada na Justiça Eleitoral. Tal comprovação é de grande relevância para a Justiça Eleitoral na análise das contas, e a não comprovação pode ser requisito para desaprovação das contas ou devolução do recurso considerado aplicado irregularmente.

Da análise dos documentos e das informações apresentados, após as diligências cabíveis, é emitido o parecer técnico conclusivo que aponta todas as irregularidades e as improbidades não sanadas conforme o entendimento técnico dos analistas da Justiça Eleitoral.

Alexandre Di Pietra | Raquel Maria Ferro Nogueira

O parecer conclusivo só deve apontar irregularidades ou impropriedades que tenham sido diligenciadas, garantindo ao prestador de contas o contraditório e a ampla defesa. Caso contrário, deverá ser novamente diligenciado com o prazo de três dias para manifestação sobre os pontos especificamente abordados nessa diligência, sendo vedado anexar quaisquer documentos alheios às falhas apontadas e ao objeto da diligência, exceto os que se amoldem ao art. 435, parágrafo único, do Código de Processo Civil (CPC).

> *Art. 435. É lícito às partes, em qualquer tempo, juntar aos autos documentos novos, quando destinados a fazer prova de fatos ocorridos depois dos articulados ou para contrapô-los aos que foram produzidos nos autos.*
>
> *Parágrafo único. Admite-se também a juntada posterior de documentos formados após a petição inicial ou a contestação, bem como dos que se tornaram conhecidos, acessíveis ou disponíveis após esses atos, cabendo à parte que os produzir comprovar o motivo que a impediu de juntá-los anteriormente e incumbindo ao juiz, em qualquer caso, avaliar a conduta da parte de acordo com o art. 5º.[3] (Brasil, 2015a).*

Após realizada a diligência, com manifestação ou não do prestador de contas, a unidade técnica analisará os documentos e as justificativas encaminhadas para emissão do parecer técnico conclusivo, opinando pela aprovação ou pela desaprovação ou por considerar contas não prestadas, com base no art. 69, parágrafo 3º, da Resolução Eleitoral.

---

3   *"Art. 5º Aquele que de qualquer forma participa do processo deve comportar-se de acordo com a boa-fé" (Brasil, 2015a).*

(5.3)
Diligências da Justiça Eleitoral

As diligências ocorrem quando a unidade técnica analisa a prestação de contas enviada à Justiça Eleitoral pelo candidato ou pelo partido político. Essa fase do processo acontece antes do julgamento da prestação de contas e visa complementar os dados, obter esclarecimentos adicionais e sanear falhas, impropriedades ou irregularidades detectadas durante o procedimento de análise das contas.

Por característica, as diligências:

- são cabíveis quando forem detectadas irregularidades e inconsistências durante o exame das contas;
- garantem o contraditório;
- identificam os documentos e os elementos a serem apresentados; e
- viabilizam o saneamento de falhas existentes na prestação de contas.

5.3.1 Diligências

Durante o exame técnico da prestação de contas, em havendo inconsistências, indícios de irregularidades, a Justiça Eleitoral poderá requisitar informações adicionais ou encaminhar diligências específicas com o intuito de complementar dados ou sanear falhas detectadas, identificando, quando possível, as providências a serem adotadas e seu escopo, assim como a documentação ou os elementos a serem apresentados pelo prestador de contas. Com isso, a Justiça Eleitoral facilita o saneamento das irregularidades e impropriedades detectadas na prestação de contas pela unidade técnica.

Alexandre Di Pietra | Raquel Maria Ferro Nogueira

O prazo para cumprimento da diligência é de três dias da intimação. Após o término, havendo ou não manifestação, o processo será encaminhado à unidade técnica responsável pela análise, com ou sem documentos, para emissão do parecer conclusivo.

Compete ao analista de contas relatar ao juiz, no parecer conclusivo, o que foi diligenciado e se houve ou não o saneamento das inconsistências após adotadas todas as providências cabíveis. O poder de diligência impõe que as faltas/ausências sejam diligenciadas. Entretanto, poderá ainda ocorrer o silêncio do prestador.

Não obstante, as contas serão analisadas se nos autos houverem elementos mínimos que possibilitem o exame das contas (art. 74, § 2°). Em caso positivo, a autoridade judiciária verificará a relevância da ausência e seu comprometimento para a regularidade das contas de campanha, podendo decidir pela aprovação com ressalvas ou pela desaprovação.

Esclarecemos que, na ausência de irregularidades, não há de se falar em diligências. Nesses casos, verifica-se um viés positivo, ou seja, é possível superar, de plano, toda a fase de diligências, ocasião em que será elaborado o **parecer técnico conclusivo** sem abertura para o contraditório. Observe-se que, nesse caso, não há o **relatório preliminar de diligência**, pois o parecer técnico será pela aprovação das contas. Se o parecer do MPE também opinar pela aprovação, o julgamento da prestação de contas poderá ser dado por decisão monocrática.

Portanto, eventual ausência de informações deve ser classificada pelo analista pelo grau de comprometimento em relação ao conhecimento da origem e da aplicação de recursos pela Justiça Eleitoral. Se as informações ausentes não impedirem que se conheça a origem e a aplicação de recursos de campanha, a ausência deixa de conter a materialidade para o ilícito.

O objetivo da norma é permitir que haja o julgamento das contas na presença de elementos mínimos (art. 74, § 2º), malgrado se obtenha uma sentença pela desaprovação. Com isso, evita-se a negativa geral da Justiça Eleitoral, o que redundaria em pena máxima, pela declaração de contas não prestadas.

Entretanto, eventual ausência de informações, diligenciada e cuja resposta contenha elementos objetivos capazes de complementar adequadamente a informação, pondo fim à dúvida apontada, poderá ser classificada como *irrelevante no conjunto* e, com isso, não mais comprometer nem a análise, nem a aprovação das contas.

Ao diligenciar o candidato ou o partido político, a Justiça Eleitoral aponta todas as irregularidades e as impropriedades da prestação de contas. Diante do relatório de diligência, o prestador de contas verifica a materialidade das inconsistências e providencia saná-las por meio de anexação de documentos, da retificação de dados, caso necessário, acrescido de nota explicativa.

Muitas vezes, não existe a necessidade de retificar a prestação de contas, mas tão somente explicar à Justiça Eleitoral as inconsistências relatadas ou apresentar documentos ausentes ou entregues de forma incompleta.

O relatório de diligência respeita uma padronização e uma sequência lógica para que o analista das contas faça o exame com maior celeridade e eficiência. Esse relatório é dividido em tópicos, conforme a Resolução Eleitoral, e as inconsistências detectadas são relatadas na sequência já pré-ordenada.

No relatório de diligência, existem análises informatizadas e manuais. A maior parte das falhas apontadas no relatório devem ser examinadas com profundidade pelo analista das contas antes de se expedir a diligência, de modo que se evitem retrabalhos e menções equivocadas ou desnecessárias.

Alexandre Di Pietra | Raquel Maria Ferro Nogueira

Visando a um melhor entendimento das inconsistências que podem integrar o relatório de diligência, descreveremos, no quadro a seguir, alguns de seus tipos.

Quadro 5.1 – Inconsistências detectadas durante o exame das contas e tipo de análise

Item do relatório de diligência	Descrição da análise	Tipo de análise
Formalização da prestação de contas	• Verificação do cumprimento do prazo de entrega dos relatórios financeiros de campanha.	Informatizada
	• Verificação do cumprimento do prazo de entrega da prestação de contas parcial e final.	
	• Verificação das peças integrantes da prestação de contas.	Manual
Qualificação do prestador de contas	• Batimento entre as informações do candidato constante da prestação de contas e as informações existentes no registro de candidatura para verificar se os bens declarados na prestação de contas estão informados à Justiça Eleitoral.	Informatizada
Receitas	• Verificação das informações constantes dos canhotos dos recibos eleitorais apresentados com os documentos referentes às respectivas receitas.	Manual
	• Batimento do SPCE com a base de dados da Secretaria da Receita Federal do Brasil, para identificar indícios de recebimento direto e indireto de fontes vedadas de arrecadação.	Informatizada

(continua)

(Quadro 5.1 – continuação)

Item do relatório de diligência	Descrição da análise	Tipo de análise
Receitas	• Batimento dos recursos próprios aplicados em campanha e os declarados no registro de candidatura para verificar a consistência das informações.	Informatizada
	• Verificação das receitas arrecadadas visando identificar a existência direta ou indireta de recebimento de Recursos de Origem Não Identificada (Roni).	
	• Verificação da natureza dos recursos estimáveis em dinheiro provenientes de doações de pessoas físicas, para comprovar se a utilização dessa espécie de recurso não configura infração às normas.	
	• Batimento entre o SPCE e a base de dados da Secretaria da Receita Federal do Brasil e com a base de dados de pessoas físicas permissionárias de serviço público, para verificar a existência de indícios de recebimento direto ou indireto de fontes vedadas de arrecadação.	
	• Batimento entre a soma das receitas oriundas de recursos próprios do candidato titular e vice com o valor do limite de gastos fixado por Lei para a candidatura do titular.	
	• Batimento da arrecadação de recursos para verificar se houve receitas recebidas antes da data de solicitação do registro da candidatura e/ou da concessão do CNPJ de campanha e/ou da abertura da conta bancária de campanha.	

Alexandre Di Pietra | Raquel Maria Ferro Nogueira

(Quadro 5.1 – continuação)

Item do relatório de diligência	Descrição da análise	Tipo de análise
Receitas	• Batimento entre os dados dos doadores constantes da prestação de contas e as informações da base de dados da Secretaria da Receita Federal do Brasil para verificar inconsistências desses dados.	Informatizada
Despesas	• Verificação de despesas cujo fornecedor é o próprio candidato titular e/ou vice/suplente, para diligenciar sobre a legitimidade desse gasto.	Informatizada
	• Batimento das despesas para verificar se houve gastos antes da data de solicitação do registro da candidatura e/ou da concessão do CNPJ de campanha e/ou da abertura da conta bancária de campanha.	
	• Verificação da apresentação dos documentos fiscais comprobatórios das despesas com recursos do Fundo Partidário e FEFC.	
	• Batimento dos dados dos fornecedores constantes da prestação de contas com a base de dados da Secretaria da Receita Federal do Brasil, para verificar a situação cadastral desses fornecedores de campanha.	
	• Batimento das despesas realizadas com combustíveis com a existência de registro de locações, cessões de veículos ou publicidade com carro de som.	
	• Batimento para verificar se foi ultrapassado o limite de gastos estabelecido em lei para o cargo.	

(Quadro 5.1 – continuação)

Item do relatório de diligência	Descrição da análise	Tipo de análise
Despesas	• Batimento para verificar se foi ultrapassado o limite de gastos com locação de veículos.	Informatizada
	• Batimento para verificar se foi ultrapassado o limite de gastos com alimentação de pessoal.	
	• Batimento das despesas realizadas para verificar se houve a realização de despesas após as eleições.	
	• Batimento entre as doações realizadas para outros candidatos e as declaradas pelos doadores em suas prestações de contas para verificar a legalidade e legitimidade dessas despesas.	
	• Batimento entre as datas da realização das despesas lançadas da prestação de contas final com a data que deveria ser informada por ocasião da entrega da prestação de contas parcial para verificar se houve a informação tempestiva dessas despesas.	
Análise da movimentação financeira	• Batimento das informações dos extratos bancários impressos (titular, número da conta-corrente, número da agência bancária, número do banco e/ou data de abertura) com os dados informados na prestação de contas.	Manual
	• Verificação do saldo inicial dos extratos bancários impressos para comprovar se estão com saldo zerado.	
	• Verificação se os extratos bancários impressos apresentados abrangem todo o período da campanha eleitoral.	

Alexandre Di Pietra | Raquel Maria Ferro Nogueira

(Quadro 5.1 – conclusão)

Item do relatório de diligência	Descrição da análise	Tipo de análise
Análise da movimentação financeira	• Verificação se as contas que foram apresentadas sem movimentação financeira tem a mesma ausência de movimentação nos extratos bancários impressos ou se foi apresentada declaração emitida pelo banco certificando a ausência da movimentação financeira.	Manual
	• Batimento entre a movimentação bancária registrada no extrato eletrônico com as despesas declaradas para verificar a consistência das informações.	Informatizada
	• Batimento entre os pagamentos em espécie e os dados do fornecedor para verificação da obediência ao limite estabelecido para pagamentos de pequeno valor.	
	• Batimento dos débitos e créditos ainda não efetuados pelo banco para verificar se os mesmos estão devidamente lançados na conciliação bancária.	
	• Batimento entre as contas bancárias na base de dados dos extratos eletrônicos para verificar se estão registradas na prestação de contas.	
	• Análise dos dados constantes dos extratos eletrônicos para verificar se todas as receitas arrecadadas estão identificadas pelo CPF/CNPJ.	

FINANCIAMENTO E GESTÃO FINANCEIRA DE CAMPANHAS ELEITORAIS

5.3.2 Retificação da prestação de contas

A Resolução Eleitoral, em seu art. 71, elenca as possibilidades de retificação da prestação de contas:

> *Art. 71. A retificação da prestação de contas somente é permitida, sob pena de ser considerada inválida:*
>
> *I – na hipótese de cumprimento de diligência que implicar a alteração das peças inicialmente apresentadas;*
>
> *II – voluntariamente, na ocorrência de erro material detectado antes do pronunciamento técnico.* (Brasil, 2019c)

Em caso de retificação da prestação de contas, torna-se obrigatório o envio do arquivo pela internet, por intermédio do SPCE, da juntada de petição com as justificativas necessárias, acompanhada do extrato da prestação de contas, e dos documentos comprobatórios da alteração realizada.

Quando se tratar de contas a serem apresentadas ao Tribunal Eleitoral, o peticionamento deve ser dirigido ao relator do processo, e quando a prestação de contas for de competência da zona eleitoral, deve-se encaminhar a petição ao juiz eleitoral, via Processo Judicial Eletrônico (PJe).

A retificação das contas deverá seguir os procedimentos expressos nos arts. 54 e 55:

> *Art. 54. A prestação de contas deve ser elaborada e transmitida, por meio do SPCE, após o que ser disponibilizada na página da Justiça Eleitoral na internet.*

Art. 55. Recebidas na base de dados da Justiça Eleitoral as informações de que trata o inciso I do caput do art. 53 desta Resolução, o SPCE emitir o extrato da prestação de contas, certificando a entrega eletrônica.

§ 1º Os documentos a que se refere o inciso II do art. 53 desta Resolução devem ser apresentados aos tribunais eleitorais e a zonas eleitorais competentes exclusivamente em mídia eletrônica gerada pelo SPCE, observado o disposto no art. 101, até o prazo fixado no art. 49. (Vide, para as Eleições de 2020, art. 7, inciso XI, da Resolução nº 23.624/2020)

§ 2º O recibo de entrega da prestação de contas somente ser emitido após o recebimento da mídia eletrônica com os documentos a que se refere o art. 53, II, desta Resolução, observado o disposto no art. 100.

§ 3º Na hipótese de entrega de mídias geradas com erro, o sistema emitir aviso com a informação de impossibilidade técnica de sua recepção.

§ 4º Na hipótese do § 3º, necessária a correta reapresentação da mídia, sob pena de as contas serem julgadas não prestadas.

§ 5º Os documentos digitalizados e entregues exclusivamente em mídia eletrônica serão incluídos automaticamente no Processo Judicial Eletrônico (PJe), após o que os autos digitais serão encaminhados à unidade ou ao responsável por sua análise técnica para que seja desde logo iniciada. (Brasil, 2019c)

Concluído o prazo para a apresentação da prestação de contas final, não é possível retificar a parcial. Se for necessário o procedimento de alteração de dados, a retificação será efetuada na prestação de contas final, com os fatos que ensejaram tal alteração justificados por meio de nota explicativa.

Nesse caso, a validade e a pertinência da prestação de contas retificadora serão relatadas no parecer técnico conclusivo para fundamentar a decisão da autoridade judicial, que decidirá quando houver o julgamento das contas. Caso a retificadora não seja julgada válida, será determinada sua exclusão da base de dados da Justiça Eleitoral.

As diligências podem implicar a correção de erros e exigir a retificação da prestação de contas. Dessa forma, os erros materiais poderão ser corrigidos até o pronunciamento técnico ou determinados pela Justiça Eleitoral.

Entretanto, se o motivo da retificadora for de baixo potencial e não comprometer o escopo do exame das contas, ele poderá ser declarado superado pelo próprio analista quando for realizado o parecer técnico conclusivo, deixando-se de exigir a retificação dos dados em razão das explicações advindas da necessária e obrigatória diligência ao prestador de contas.

5.3.3 Parecer técnico conclusivo

Encerrada a fase de diligências, a etapa subsequente é o procedimento de análise das respostas às diligências para a emissão do parecer técnico conclusivo. Compete ao técnico que está analisando a prestação de contas relatar ao juiz ou ao relator o estado do feito, depois de adotadas todas as providências cabíveis. Caso o exame da prestação de contas não detecte falha alguma, o analista emitirá o parecer técnico conclusivo.

O procedimento de análise das contas de campanha é um trabalho rigoroso e muito detalhado, no qual os funcionários da Justiça Eleitoral envolvidos são previamente capacitados tanto na legislação que disciplina a matéria quanto nos procedimentos técnicos relacionados ao exame das contas.

Alexandre Di Pietra | Raquel Maria Ferro Nogueira

A análise das prestações de contas de campanha se desenvolve pelo SPCE (módulo análise) e por outros módulos desse sistema desenvolvidos para aperfeiçoar o exame dos dados registrados.

No entanto, nem toda análise da prestação de contas é automatizada. Os técnicos devem realizar a conferência da documentação comprobatória das despesas, especialmente dos gastos pagos com recursos públicos (FP e FEFC).

O exame técnico dos documentos comprobatórios das despesas pode ser feito por amostragem desde que a unidade responsável pela execução do trabalho elabore o plano de amostragem para prévia autorização do juiz ou do relator do processo.

Mediante convênios com órgãos fiscalizadores de âmbito federal, estadual e municipal, a Justiça Eleitoral tem acesso a inúmeros bancos de dados nos quais são feitos batimentos de informações envolvendo a movimentação de campanha, tanto das doações recebidas (financeiras e estimáveis em dinheiro) quanto de despesas realizadas com o Cadastro Nacional de Pessoa Jurídica (CNPJ) de campanha dos candidatos e dos partidos políticos.

Arrolamos, a seguir, outros pontos que são objetos de cotejamento com o banco de dados disponibilizados à Justiça Eleitoral e examinados mediante conferência manual:

- receitas estimadas e respectivos documentos comprobatórios;
- arrecadação por financiamento coletivo;
- relatórios de atividades de despesa com pessoal;
- relatórios de gastos semanal com combustíveis e cupons fiscais dos abastecimentos em conformidade com a nota fiscal emitida pelo fornecedor;

- cumprimento dos limites de gastos da campanha, locações de veículos, autofinanciamento, composição e fundo de caixa, doações de pessoas físicas e pessoal contratado para trabalhar na campanha; e
- arrecadação oriunda de eventos realizados durante a campanha.

Dado o rígido controle da fiscalização e do exame de documentos que devem compor a prestação de contas de campanha, é mandatório que todo o processo eleitoral seja acompanhado, passo a passo, pelo profissional de contabilidade, visando garantir, ao final, um fechamento de prestação de contas com todos os documentos exigidos pelo normativo eleitoral e o cumprimento dos limites obrigatórios estipulados pela legislação eleitoral.

O parecer conclusivo emitido pela unidade técnica da Justiça Eleitoral detalha todas as irregularidades e as impropriedades contidas no relatório de diligência, as providências adotadas pelo prestador de contas e o saneamento ou não dessas inconsistências.

Após a diligência e a análise da documentação apresentada pelo prestador de contas, o analista poderá opinar no parecer técnico conclusivo pela irrelevância das falhas apontadas, considerando os esclarecimentos e/ou a retificação, não imputando sugestão para aplicação de sanção ou desaprovação das contas, conforme determina a Resolução Eleitoral no *caput* de seu art. 76:

> *Art. 76. Erros formais e/ou materiais corrigidos ou tidos como irrelevantes no conjunto da prestação de contas não ensejam sua desaprovação e aplicação de sanção (Lei nº 9.504/1997, art. 30, §§ 2º e 2º-A).* (Brasil, 2019c)

Todas as inconsistências detectadas na prestação de contas deverão ser mencionadas no parecer técnico conclusivo para apreciação, valoração e livre convencimento por parte da autoridade judiciária.

Alexandre Di Pietra | Raquel Maria Ferro Nogueira

Emitido o parecer conclusivo, o processo será encaminhado ao Ministério Público, conforme determina o art. 73:

> *Art. 73. Apresentado o parecer conclusivo da unidade técnica nos tribunais, e do chefe de cartório nas zonas eleitorais, e observado o disposto no art. 72, o Ministério Público terá vista dos autos da prestação de contas, devendo emitir parecer no prazo de 2 (dois) dias.* (Brasil, 2019c)

A etapa subsequente ao parecer do Ministério Público é a decisão da Justiça Eleitoral sobre a prestação de contas – se julgará pela aprovação, pela desaprovação ou pela condição de contas não prestadas.

(5.4)
Ministério Público Eleitoral

Em sede de contas eleitorais, o Ministério Público Eleitoral (MPE) apresenta parecer em razão da presença desse órgão como fiscal da lei.

O MPE não é parte, mas o garantidor da regularidade e do cumprimento das normas de regência do sistema eleitoral.

5.4.1 Parecer do Ministério Público Eleitoral

O parecer do MPE é concluído em curtíssimo prazo: dois dias – sempre após a análise das contas e a emissão do parecer técnico conclusivo pelo responsável, seja nos tribunais eleitorais, seja nos cartórios eleitorais.

O **parecer pela aprovação** mantém o viés positivo, natural das contas quando não se constatam irregularidades comprometedoras.

Pode ocorrer o **parecer pela rejeição**, ainda que o processamento tenha corrido pelo sistema simplificado, mantendo-se o rito mais favorável até esse momento processual. Dessa forma, o MPE pode retirar o viés positivo e, com isso, o parecer passa a ter **caráter de denúncia.**

Em caso de parecer do MP pela rejeição das contas, cumpre à Justiça Eleitoral avaliar a existência do(s) fato(s) apontado(s) como causa(s) da rejeição para verificar se foi oferecido o contraditório. Caso contrário, o processo deverá retornar à unidade técnica para diligência e emissão de novo parecer conclusivo. Se o prestador de contas for diligenciado, a Justiça Eleitoral avaliará as inconsistências apontadas no parecer do MP e julgará a prestação de contas.

Logo, o parecer pela rejeição deve abrir prazo para o contraditório e para a ampla defesa. Há características de uma denúncia de contas eleitorais quando o parecer inscreve nos autos novos elementos que contradizem ou ampliam o escopo de investigação presente no relatório técnico conclusivo.

Assim, em tese, em sede de contas eleitorais, quando o parecer do MP for pela rejeição das contas, a manifestação carregará o cunho de denúncia, ou seja, proporá ao magistrado a imputação objetiva da prática de ilícitos eleitorais na modalidade financeira.

> ## Importante!
>
> O Ministério Público Eleitoral exerce a função de titular da ação, sendo a denúncia a peça inicial da ação penal pública incondicionada que impõe o surgimento da lide.

Nessa esteira, vale lembrar que a Resolução Eleitoral atribui competência ao Ministério Público Eleitoral para a apuração de indícios de irregularidades (art. 91) que possam provocar outras representações eleitorais, como aquelas previstas no art. 22 da Lei Complementar n. 64, de 18 de maio de 1990 (Brasil, 1990).

Para saber mais

BRASIL. **Tribunal de Contas da União**. 2023. Disponível em: https://portal.tcu.gov.br. Acesso em: 24 maio 2023.

Indicamos esse importante trabalho sobre auditoria disponível no *site* do TCU.

Consultando a legislação

BRASIL. Lei n. 9.504, de 30 de setembro de 1997. **Diário Oficial da União**, Poder Legislativo, Brasília, DF, 1º out. 1997. Disponível em: http://www.planalto.gov.br/ccivil_03/leis/L9504.htm. Acesso em: 17 maio 2023.

BRASIL. Lei n. 9.096, de 19 de setembro 1995. **Diário Oficial da União**, Poder Legislativo, Brasília, DF, 20 set. 1995. Disponível em: https://www.planalto.gov.br/ccivil_03/leis/l9096.htm. Acesso em: 17 maio 2023.

BRASIL. Tribunal Superior Eleitoral. Secretaria de Gestão da Informação e do Conhecimento. Coordenadoria de Jurisprudência e Legislação. Seção de Legislação. Resolução n. 23.607, de 17 e dezembro de 2019. **Diário da Justiça Eleitoral**, Poder Judiciário, Brasília, DF, 27 dez. 2019. Disponível em: https://www.tse.jus.br/legislacao/compilada/res/2019/resolucao-no-23-607-de-17-de-dezembro-de-2019. Acesso em: 17 maio 2023.

Sugerimos a leitura na íntegra da legislação indicada.

> BRASIL. Tribunal Superior Eleitoral. Justiça Eleitoral. **Manual de elaboração de prestação de contas de campanha.** Brasília: TSE, 2022. Disponível em: https://www.tse.jus.br/++theme++justica_eleitoral/pdfjs/web/viewer.html?file=https://www.tse.jus.br/eleicoes/eleicoes-2022/prestacao-de-contas/arquivos/tse-manual-de-elaboracao-de-prestacao-de-contas-de-campanha-2022-v1.3/@@download/file/tse-manual-prestacao-de-contas-v1-3.pdf. Acesso em: 24 maio 2023.
>
> Esse material é útil tanto para subsidiar o candidato para a elaboração da prestação de contas quanto para orientar o analista de contas dos Tribunais Eleitorais.

Síntese

Neste capítulo, demonstramos que o exercício do direito por parte do prestador de contas impõe à Justiça Eleitoral a necessidade de diálogo para a obtenção de eventuais esclarecimentos necessários à compreensão dos fatos. Do contrário, haverá a certeza da existência de que algo restou não esclarecido ou até mesmo irregular.

Todo o procedimento de contas converge para que se emita uma decisão judicial sobre sua realidade, seja a esperada regularidade, seja a irregularidade.

Questões para revisão

1. Analise as afirmativas a seguir e marque com V as verdadeiras e com F as falsas.

   ( ) O procedimento de análise técnica das prestações de contas de campanha, realizado pela Justiça Eleitoral, somente poderá se iniciar após a entrega da prestação de contas final.

   ( ) O procedimento de análise técnica das prestações de contas de campanha, realizado pela Justiça Eleitoral, poderá ter início após a entrega da prestação de contas parcial.

   ( ) A análise da prestação de contas de campanha visa subsidiar seu julgamento pela Justiça Eleitoral.

   ( ) A análise da prestação de contas de campanha visa conhecer a origem e o destino de todos os recursos eleitorais movimentados, quer sejam financeiros, que sejam estimáveis em dinheiro.

   ( ) Durante o procedimento de análise das contas de campanha, a Justiça Eleitoral não poderá realizar diligências.

   ( ) A Justiça Eleitoral poderá requisitar técnicos de órgãos públicos para auxiliar na análise das contas de campanha.

   Agora, assinale a alternativa que apresenta a sequência correta:

   a) F, V, V, V, F, V.
   b) F, V, V, V, F, V.
   c) F, V, V, V, F, V.
   d) V, F, V, F, V, V.
   e) F, V, V, V, F, V.

2. A respeito das diligências durante o exame das contas de campanha, assinale a alternativa correta:

I) São cabíveis quando forem detectadas irregularidades e inconsistências durante o exame das contas.

II) Garantem o contraditório.

III) Não identificam os documentos e os elementos a serem apresentados.

IV) Viabilizam o saneamento de falhas existentes na prestação de contas.

Agora, assinale a alternativa que indica todas a(s) afirmativa(s) correta(s):

a) I e III.
b) I, II e IV.
c) III e IV.
d) I, II e III.
e) II e IV.

3. Sobre o exame das prestações de contas de campanha, é correto afirmar:

a) A circularização visa confirmar dados ou sanear inconsistências encontradas no exame da prestação de contas de campanha.

b) A Justiça Eleitoral não pode utilizar a técnica de amostragem durante o exame das contas de campanha.

c) O julgamento das contas de campanha poderá ocorrer de forma monocrática desde que não sejam detectadas inconsistências pelo analista das contas, independentemente do parecer do Ministério Público Eleitoral.

Alexandre Di Pietra | Raquel Maria Ferro Nogueira

d) O prazo para o cumprimento das diligências é de 72 horas da intimação.

e) Não havendo manifestação do prestador de contas à diligência, a Justiça Eleitoral deverá intimá-lo novamente no prazo de três dias.

4. Quanto ao exame das prestações de contas de campanha, marque com V as afirmativas verdadeiras e com F as falsas:

( ) O exame das contas é realizado por meio de sistema desenvolvido pelo TCU.

( ) O procedimento de exame efetuado pelo sistema SPCE (análise) aponta, exclusivamente, o resultado das análises informatizadas resultantes de batimentos com diversos bancos de dados disponibilizados à Justiça Eleitoral.

( ) O procedimento de exame efetuado pelo sistema SPCE (análise) aponta o resultado das análises informatizadas resultantes de batimentos com diversos bancos de dados disponibilizados à Justiça Eleitoral, assim como das análises manuais a serem observadas pelo analista das contas.

( ) O exame das contas pode resultar em um relatório de diligência padronizado e com uma sequência baseada na Resolução n. 23.607/2019.

Agora, assinale a alternativa que apresenta a sequência correta:

a) V, V, V, F.
b) V, F, V, F.
c) V, F, F, V.
d) V, V, F, V.
e) F, F, V, V.

5. Assinale a alternativa **incorreta**:

   a) A prestação de contas poderá ser retificada na hipótese de cumprimento de diligência com consequente alteração das peças inicialmente apresentadas.

   b) A prestação de contas poderá ser retificada voluntariamente na ocorrência de erro formal detectado antes do pronunciamento técnico.

   c) Após a diligência e a análise da documentação apresentada pelo prestador de contas, o analista das contas deverá emitir o parecer técnico conclusivo.

   d) O parecer técnico conclusivo deverá registrar as irregularidades e as impropriedades apontadas no relatório de diligência, com a opinião sobre o saneamento ou não das falhas pelo prestador de contas.

   e) Pode ocorrer o parecer pela rejeição, ainda que o processamento tenha sido pelo sistema simplificado, mantendo-se o rito mais favorável até esse momento processual.

Questões para reflexão

1. É correto afirmar que a análise das contas de campanha realizada pela unidade técnica da Justiça Eleitoral verifica a origem e a destinação dos recursos, apura os erros contábeis e emite parecer em relação à qualidade da contabilidade?

2. O poder de fiscalização permite que a Justiça Eleitoral realize diligências para apurar qualquer tipo de informação, mesmo fora do universo das contas eleitorais?

Alexandre Di Pietra | Raquel Maria Ferro Nogueira

3. O escopo da análise das contas é a verificação da origem e da destinação de recursos. Por isso, a Justiça Eleitoral está autorizada a realizar qualquer tipo de investigação em todo o território nacional, independentemente do custo operacional?

4. Em sua opinião, por que a utilização de recursos públicos tornou ainda mais importante a tarefa de análise das contas eleitorais?

5. A existência de recursos de fontes vedadas e de origem não identificada são indicadores para a desaprovação de contas? Justifique.

Capítulo 6
Julgamento da prestação de contas e fiscalização da Justiça Eleitoral[1]

---
1   Os itens jurídicos (artigos, parágrafos, incisos e alíneas) mencionados neste capítulo são da Resolução n. 23.607, de 17 de dezembro de 2019 (Brasil, 2019c), exceto quando for indicada uma norma específica.

Conteúdos do capítulo

- Julgamento das contas.
- Contas julgadas não prestadas.
- Eficácia das decisões.
- Requerimento de regularização.
- Fiscalização da Justiça Eleitoral.

Após o estudo deste capítulo, você será capaz de:

1. justificar a necessidade de se obter um provimento judicial,
2. identificar os casos de ausência desse provimento;
3. relacionar os possíveis tipos de provimento judicial;
4. apontar os efeitos da decisão e suas consequências;
5. reconhecer as formas de da fiscalização da Justiça Eleitoral.

Neste capítulo, sintetizamos os principais elementos normativos necessários ao processamento das contas para que se obtenha uma "decisão" da autoridade judicial, seja ela qual for, ante as contas eleitorais. Trata-se do exercício de uma verdadeira jurisdição de contas, em razão do dever-poder constitucional e legal atribuído à Justiça Eleitoral com potencial para alterar a realidade jurídica do candidato prestador de contas, invadindo, inclusive, a esfera patrimonial pela imputação de multas e pela obrigação de restituição de recursos.

Além da transparência, o objetivo da ação de prestação de contas é propiciar um julgamento, independentemente do resultado, independentemente de ser a aprovação, a desaprovação, ou a não prestação de contas. Dessa maneira, abordaremos os tipos de julgamento da prestação de contas de campanha eleitoral.

(6.1)
JULGAMENTO DAS CONTAS

A aprovação, a ressalva ou a desaprovação são os tipos de provimento jurisdicionais (decisões) previstos para o processo de prestação de contas eleitorais, seja nas sentenças, seja nos acórdãos. A seguir, pormenorizamos os três casos:

1. A **aprovação** ocorre em razão da ausência de falhas que comprometam a regularidade das contas.
2. A **aprovação com ressalvas** se verifica quando são detectadas falhas que não comprometem a regularidade das contas.
3. A **desaprovação** configura-se quando as falhas comprometem a regularidade, ou seja, há a presença de irregularidades.

Alexandre Di Pietra | Raquel Maria Ferro Nogueira

A decisão pela aprovação das contas pode ocorrer sem diligência ou mesmo após o envio dela. O importante para o julgamento de uma conta de campanha pela aprovação é que o prestador demonstre a legitimidade da movimentação de recursos, a consistência e a veracidade das informações apostas no processo.

Ante o descumprimento das normas de arrecadação e de aplicação de recursos pelo partido político, a sanção prevista é a perda do direito do recebimento da quota do Fundo Partidário (FP) do ano seguinte à decisão. Ademais, os candidatos envolvidos podem responder por abuso do poder econômico – Lei n. 9.504, de 30 de setembro de 1997 (Brasil, 1997), art. 25.

Em se tratando de candidato, o descumprimento às normas de arrecadação e de aplicação de recursos pode gerar a sanção de devolução do recurso aplicado irregularmente e a desaprovação das contas, assim como a investigação por outros órgãos fiscalizadores.

Ainda que as contas sejam aprovadas com ressalvas, o prestador de contas poderá sofrer sanção para realizar a devolução de recursos públicos recebidos e utilizados indevidamente ou não comprovados. A Justiça Eleitoral notificará o prestador de contas, estipulando o prazo de cinco dias após o trânsito em julgado para a devolução do valor ao Tesouro Nacional. Não havendo o cumprimento da obrigação, os autos serão remetidos à representação estadual ou municipal da Advocacia Geral da União para cobrança.

Para a **desaprovação das contas**, a norma exige que eventual ausência de informações seja considerada relevante e, por causa disso, comprometa a regularidade das contas, de acordo com o art. 74, §§ 2º e 4º:

Art. 74. [...]

§ 2º A ausência parcial dos documentos e das informações de que trata o art. 53 ou o não atendimento das diligências determinadas não enseja

o julgamento das contas como não prestadas se os autos contiverem elementos mínimos que permitam a análise da prestação de contas.

[...]

§ 4º Na hipótese do § 2º deste artigo, a autoridade judiciária examinará se a ausência verificada é relevante e compromete a regularidade das contas para efeito de sua aprovação com ressalvas ou desaprovação.
(Brasil, 2019c)

(6.2)
CONTAS JULGADAS NÃO PRESTADAS

Há, ainda, uma quarta provisão jurisdicional, para os casos em que, malgrado os esforços, não se consegue chegar a uma das formas previstas nos provimentos anteriormente apresentados, em especial, à desaprovação. Trata-se da situação da não prestação de contas eleitorais ou de seu envio sem o instrumento de procuração do advogado, conforme o parágrafo 8º do art. 98 da Resolução Eleitoral:

Art. 98. [...]

§ 8º Na hipótese de não haver advogado regularmente constituído nos autos, o candidato e/ou partido político, bem como o presidente, o tesoureiro e seus substitutos, devem ser citados pessoalmente para que, no prazo de 3 (três) dias, constituam advogado, sob pena de serem as contas julgadas não prestadas. (Brasil, 2019c)

A ausência de contas gera consequências, e a pena aplicada será a máxima para candidatos e partidos. Note-se que, não obstante, haverá julgamento da prestação de contas.

Alexandre Di Pietra | Raquel Maria Ferro Nogueira

Nesses casos, o provimento previsto é denominado *contas julgadas não prestadas*. As consequências do julgamento das contas como não prestadas são:

- **O candidato** fica inelegível pelo curso do mandato ao qual concorreu e a sanção persiste após esse período, até a efetiva entrega da prestação de contas.

- **Ao partido** são impostas a suspensão do recebimento da quota do FP e do Fundo Especial de Financiamento de Campanha (FEFC), e o cancelamento do registro ou da anotação do órgão partidário, após trânsito em julgado, em processo regular que assegura a ampla defesa e o contraditório, em razão do dever de transparência insculpido no art. 17 da Constituição Federal (Brasil, 1988).

Frisamos que o órgão partidário perde o direito ao recebimento de recursos do FP no ano seguinte ao da decisão que julgou as contas como não prestadas.

Semelhantemente ao que acontece com o julgamento pela desaprovação das contas, caso os autos contenham elementos mínimos que permitam a análise delas, a decisão não poderá ser por contas não prestadas (art. 74, § 2º).

(6.3)
EFICÁCIA DAS DECISÕES

O julgamento encerra toda a pretensão fiscalizadora e punitiva da Justiça Eleitoral somente com relação aos fatos e aos elementos constantes no procedimento e no que se refere ao cumprimento regular das normas relativas às contas. É exatamente isso que gera a eficácia preclusiva presente no bojo da sentença das contas.

Isso ocorre sob o aspecto da responsabilização pelos atos ilícitos em sede de contas eleitorais e somente nessa esfera de responsabilização, não se confundindo com qualquer outro sistema de responsabilização em razão das diferentes pretensões punitivas do Estado, por responsabilidade civil, criminal, penal e até mesmo administrativa, pelo desvio de finalidade do uso de recursos públicos.

É por causa dessa independência de instâncias ou esferas (sistemas) que as contas podem ser aprovadas na presença de falhas ou omissões e até mesmo dispondo sobre o encaminhamento de recursos à União, por ordem judicial, no prazo de cinco dias do trânsito em julgado do processo (art. 79, § 1º).

Outros ilícitos não devem fazer parte dos dispositivos e da fundamentação da decisão, porém estarão presentes materialmente, devendo-se remeter as respectivas informações e documentos aos órgãos competentes para apuração de eventuais crimes, conforme a Lei n. 9.096, de 19 de setembro 1995 (Brasil, 1995b), art. 35, e o Código de Processo Penal, art. 40 – Decreto-Lei n. 3.689, de 3 de outubro de 1941 (Brasil, 1941).

É o que se vê na normativa do art. 75:

> Art. 75. O julgamento da prestação de contas pela Justiça Eleitoral não afasta a possibilidade de apuração por outros órgãos quanto à prática de eventuais ilícitos antecedentes e/ou vinculados, verificados no curso de investigações em andamento ou futuras.
>
> Parágrafo único. A autoridade judicial responsável pela análise das contas, ao verificar a presença de indícios de irregularidades que possam configurar ilícitos, remeterá as respectivas informações e documentos aos órgãos competentes para apuração de eventuais crimes (Lei nº 9.096/1995, art. 35; e Código de Processo Penal, art. 40). (Brasil, 2019c)

Alexandre Di Pietra | Raquel Maria Ferro Nogueira

(6.4)
REQUERIMENTO DE REGULARIZAÇÃO

O candidato ou o partido político que teve as contas julgadas como não prestadas podem solicitar a regularização à Justiça Eleitoral para fins de evitar que os efeitos da não quitação eleitoral persistam após o fim da legislatura (candidato) ou para restabelecer o direito ao recebimento da quota do FP ou do FEFC (partido político).

O requerimento de regularização pode ser apresentado pelo candidato com o fim de regularizar sua situação perante a Justiça Eleitoral, assim como o partido político que está com o repasse de recursos públicos suspensos em decorrência do julgamento de contas como não prestadas.

Ressaltamos que o partido político poderá solicitar a regularização tanto ao órgão em que está com o direito suspenso quanto ao órgão partidário hierarquicamente superior.

Esse requerimento de regularização deve ser composto de todos os documentos elencados no art. 53, inciso II, da resolução e encaminhado à Justiça Eleitoral por meio do Sistema de Escrituração de Contas Eleitorais (SPCE). Após transmissão do requerimento pelo SPCE, o responsável pela elaboração do mencionado documento deverá seguir os mesmos procedimentos de entrega da prestação de contas final, protocolando a mídia para concretizar o ciclo de envio.

Em síntese, o requerimento de regularização tem os mesmos requisitos de uma prestação de contas: tem de ser elaborado no SPCE, devendo-se lançar as receitas, as despesas, os recibos eleitorais e toda a documentação comprobatória da campanha eleitoral.

O requerimento passará pela análise da Justiça Eleitoral com a finalidade de verificar irregularidades na aplicação de recursos públicos ou de não comprovação, assim como eventual recebimento de recursos oriundos de fontes vedadas ou de origem não identificada ou outras irregularidades de natureza grave.

Se forem constatadas irregularidades na aplicação de recursos públicos (FP e/ou FEFC), os candidatos, os partidos políticos e seus responsáveis serão intimados para devolver os recursos utilizados irregularmente (art. 80, § 3º).

Após o recolhimento dos valores considerados de aplicação irregular ou não existindo valores a devolver, o requerimento passará pelo julgamento da autoridade judiciária, que decidirá por sua regularização e deferimento ou não das contas que foram julgadas como não prestadas.

A situação de inadimplência do candidato ou do partido político somente será regularizada se cumpridos os seguintes requisitos:

- recolhimento dos valores devidos, quando cabível;
- final da legislatura (candidato);
- cumprimento das sanções impostas no processo de contas não prestadas;
- deferimento do requerimento de regularização.

Diante de tudo o que foi exposto, reforçamos que, uma vez registrada a candidatura, o dever de prestar contas é uma obrigação, independentemente de o candidato ter realizado campanha eleitoral. Quanto ao partido, mesmo que não esteja concorrendo ao pleito, tem o dever de prestar contas de campanha, em todas as esferas (nacional, regional e municipal).

O não atendimento à legislação eleitoral quanto ao dever de prestar contas gera o impedimento de emissão de certidão de quitação eleitoral para o candidato, e para a agremiação partidária, a suspensão de recebimento de recursos públicos e cancelamento do registro ou da anotação do órgão partidário na Justiça Eleitoral.

Alexandre Di Pietra | Raquel Maria Ferro Nogueira

Portanto, a decisão do registro de candidatura é opcional, mas a obrigação de prestação contas é inerente a todo candidato inscrito na Justiça Eleitoral, independentemente do julgamento do registro da candidatura ou da efetiva realização da campanha eleitoral.

(6.5)
FISCALIZAÇÃO DA JUSTIÇA ELEITORAL

A Justiça Eleitoral exerce um controle rigoroso sobre os dados disponibilizados na prestação de contas e as informações encaminhadas pelos diversos órgãos fiscalizadores.

O conteúdo que abordaremos, a seguir, descreve os meios de fiscalização utilizados pela Justiça Eleitoral com o fito de minimizar a má aplicação de recursos públicos e o recebimento de recursos de fontes originárias não permitidas pela legislação eleitoral e/ou sem identificação da origem, entre outros.

A primeira forma de fiscalização da Justiça Eleitoral ocorre durante o período de campanha eleitoral. O momento é propício para coletar informações e solicitar documentos emitidos em nome de candidatos e dos partidos referentes à campanha eleitoral. Essa coleta de informações e de documentos tem por base convênios feitos entre o Tribunal Superior Eleitoral (TSE) com os órgãos fiscalizadores da União, dos estados e dos municípios.

A fiscalização das receitas e das despesas servirá para a formação de um banco de dados de campanha que subsidiará posteriormente o exame das prestações de contas entregues à Justiça Eleitoral por candidatos e partidos políticos.

Os arquivos com os dados solicitados são encaminhados à Justiça Eleitoral para averiguação e batimento com as informações lançadas na prestação de contas.

Nesses batimentos, poderão ser constatados indícios de irregularidades quanto às receitas e/ou despesas. Em tal situação, a Justiça Eleitoral tramitará o processo da seguinte forma:

- Após a identificação dos indícios de irregularidade, o documento deverá ser encaminhado ao Ministério Público Eleitoral (MPE).
- O MPE procederá à apuração dos indícios conforme procedimentos internos da instituição.
- O MPE requisitará informações para candidatos, partidos, doadores, fornecedores e terceiros.
- O MPE poderá requerer a quebra do sigilo bancário e fiscal dos candidatos, dos partidos, dos doadores ou dos fornecedores de campanha.

Concluída a apuração dos indícios, o MPE dará conhecimento à autoridade judicial, solicitando as providências que considerar cabíveis a cada caso investigado.

O processo deverá ser autuado na classe de "petição" ou juntado ao processo de prestação de contas, em caso de já haver processo autuado na classe de "prestação de contas".

Na sequência da autuação do processo ou de sua distribuição, será determinada a intimação do prestador de contas, com prazo de três dias para manifestação. O procedimento de autuação e de distribuição do processo ocorrerá o mais celeremente possível, para evitar que seja restabelecida a legalidade dos fatos apontados pelo órgão fiscalizador.

A apuração das irregularidades deverá subsidiar o julgamento das contas, caso tenha sido concluída. As ações decorrentes do resultado da apuração dos indícios de irregularidades são de competência do MPE.

Outro importante convênio firmado pela Justiça Eleitoral é o fornecimento dos arquivos eletrônicos com as notas fiscais eletrônicas emitidas por prestadores de serviços ou por empresas fornecedoras de bens/materiais para candidatos e partidos políticos. Os arquivos são encaminhados e posteriormente divulgados na página do TSE para conhecimento e acompanhamento da sociedade em geral.

Diante dos arquivos das notas fiscais eletrônicas, a Justiça Eleitoral efetuará o batimento com os dados encaminhados pelos prestadores de contas e, em caso de não registro no SPCE, haverá diligência ao candidato ou ao partido político. Os arquivos das notas fiscais eletrônicas contêm dados relevantes e, constatadas ausências de informações, deverão integrar o relatório de diligências para a manifestação do candidato ou do partido.

A Justiça Eleitoral também disponibiliza um sistema no qual qualquer doador ou fornecedor de campanha pode informar a doação efetuada, assim como o serviço prestado ou o provimento de material/mercadoria. Assinalamos que o envolvimento dos doadores e dos fornecedores em prestar informações à Justiça Eleitoral, durante o período de campanha, é de suma importância para o fortalecimento do controle social sobre o financiamento eleitoral.

Para concluir, reiteramos que o processo de prestação de contas de campanha é público, podendo ser consultado por qualquer pessoa interessada, garantindo, assim, mais uma vez, a transparência dos dados disponibilizados pelos prestadores de contas à Justiça Eleitoral.

Para maior esclarecimento, a seguir, esquematizamos o trâmite do processo de prestação de contas de campanha, da análise técnica até seu julgamento pela Justiça Eleitoral.

Figura 6.1 – Tramitação regular do processo de prestação de contas de campanha

Figura 6.2 – Tramitação especial do processo de prestação de contas de campanha com emissão de vários pareceres

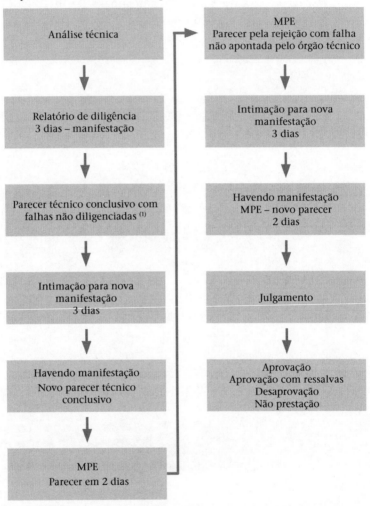

(1) Vedada a juntada de documentos que não se refiram às falhas apontadas no relatório de diligências.

Para saber mais

CONSULTA AO JULGANMENTO DE PRESTAÇÃO DE CONTAS. Disponível em: https://sico-consulta-web.tse.jus.br/sico-consulta-web/home.jsf. Acesso em: 24 maio 2023.

Indicamos o endereço eletrônico em que, desde 2020, o TSE passou a disponibilizar o acesso ao julgamento das contas.

Consultando a legislação

BRASIL. Lei n. 9.504, de 30 de setembro de 1997. **Diário Oficial da União**, Poder Legislativo, Brasília, DF, 1º out. 1997. Disponível em: http://www.planalto.gov.br/ccivil_03/leis/L9504.htm. Acesso em: 17 maio 2023.

BRASIL. Lei n. 9.096, de 19 de setembro 1995. **Diário Oficial da União**, Poder Legislativo, Brasília, DF, 20 set. 1995. Disponível em: https://www.planalto.gov.br/ccivil_03/leis/l9096.htm. Acesso em: 17 maio 2023.

BRASIL. Tribunal Superior Eleitoral. Secretaria de Gestão da Informação e do Conhecimento. Coordenadoria de Jurisprudência e Legislação. Seção de Legislação. Resolução n. 23.607, de 17 e dezembro de 2019. **Diário da Justiça Eleitoral**, Poder Judiciário, Brasília, DF, 27 dez. 2019. Disponível em: https://www.tse.jus.br/legislacao/compilada/res/2019/resolucao-no-23-607-de-17-de-dezembro-de-2019. Acesso em: 17 maio 2023.

Sugerimos a leitura na íntegra da legislação indicada.

Síntese

Neste capítulo, explicitamos que o julgamento das prestações de contas de campanha tem por base a análise e o parecer conclusivo emitido pela unidade técnica responsável de cada Tribunal Eleitoral para o desenvolvimento do trabalho de exame das informações e dos documentos que integram a prestação de contas de campanha.

O julgamento das prestações de contas de campanha gera implicações para o candidato ou para o partido caso elas contenham irregularidades não sanadas e que impliquem sanções para o prestador de contas.

Em caso de informações e documentos ausentes ou parcialmente entregues, a Justiça Eleitoral reconhece as informações constantes no processo de prestação de contas, objetivando o julgamento delas.

Questões para revisão

1. Analise as afirmativas a seguir marque com V as verdadeiras e com F as falsas.

    ( ) Após a emissão do parecer técnico conclusivo, o processo de prestação de contas de campanha segue para parecer do Ministério Público Eleitoral.

    ( ) O Ministério Público Eleitoral tem o prazo de 48 horas para a emissão de parecer.

    ( ) O Ministério Público Eleitoral tem o prazo de dois dias para a emissão de parecer.

    ( ) Os indícios de irregularidades devem ser apurados pelo relator ou pelo juiz eleitoral.

    ( ) Os indícios de irregularidades devem ser apurados pelo Ministério Público Eleitoral.

Agora, assinale a alternativa que apresenta a sequência correta:

a) F, V, V, V, V.

b) F, V, V, V, V.

c) V, V, V, V, V.

d) V, F, V, F, V.

e) F, V, V, V, V.

2. Assinale a alternativa **incorreta**:

a) Após parecer do Ministério Público Eleitoral, o processo de prestação de contas de campanha deve ser encaminhado ao relator ou ao juiz eleitoral para julgamento.

b) O julgamento da prestação de contas pela desaprovação ocorre quando as falhas comprometem parcialmente a regularidade das contas.

c) O julgamento da prestação de contas pela desaprovação ocorre quando foram constatadas irregularidades não sanadas na diligência e que comprometem a confiabilidade das contas.

d) Quanto à fiscalização, os arquivos com os dados solicitados são encaminhados à Justiça Eleitoral para averiguação e batimento com as informações lançadas na prestação de contas.

e) O requerimento de regularização pode ser apresentado pelo candidato com o fim de regularizar sua situação perante a Justiça Eleitoral, assim como o partido político que está com o repasse de recursos públicos suspensos em decorrência do julgamento de contas como não prestadas.

Alexandre Di Pietra | Raquel Maria Ferro Nogueira

3. Analise as proposições a seguir e marque com V as afirmativas verdadeiras e com F as falsas:

( ) Recursos públicos recebidos e não comprovados ou comprovados indevidamente deverão ser recolhidos à Justiça Eleitoral.

( ) Recursos públicos recebidos e não comprovados ou comprovados indevidamente deverão ser recolhidos ao Tesouro Nacional.

( ) Se as contas forem aprovadas com ressalvas, o prestador de contas não poderá sofrer sanção para realizar a devolução de recursos públicos utilizados indevidamente ou não comprovados.

( ) Se as contas forem aprovadas com ressalvas, o prestador de contas poderá sofrer sanção para realizar a devolução de recursos públicos utilizados indevidamente ou não comprovados.

Agora, assinale a alternativa que apresenta a sequência correta:

a) V, F, V, F.
b) V, F, F, F.
c) F, V, F, V.
d) F, V, V, F.
e) V, V, F, F.

4. Leia atentamente as afirmativas a seguir:

I) O envio da prestação de contas sem o instrumento de procuração do advogado enseja o julgamento de contas desaprovadas.

II) O envio da prestação de contas sem o instrumento de procuração do advogado enseja o julgamento de contas não prestadas.

III) As contas julgadas não prestadas geram inelegibilidade para o candidato durante o período do mandato ao qual concorreu, encerrando-se logo após esse período.

IV) As contas julgadas não prestadas geram inelegibilidade para o candidato durante o período do mandato ao qual concorreu, e a sanção persiste após esse período até a efetiva entrega da prestação de contas.

Agora, assinale a alternativa que indica somente a(s) afirmativa(s) correta(s):

a) I e IV.
b) I e III.
c) III e IV.
d) II e III.
e) II e IV.

5. Leia atentamente as afirmativas a seguir:

( ) As contas julgadas não prestadas geram para o partido a suspensão do recebimento da quota do Fundo Partidário, do Fundo Especial de Financiamento de Campanha e o cancelamento do registro ou da anotação do órgão partidário, após trânsito em julgado, em processo que assegure a ampla defesa e o contraditório.

( ) Candidato e partido político com prestação de contas julgadas não prestadas devem apresentar o requerimento de regularização para que as sanções não persistam após o término do período do mandato (candidato) ou para restabelecer o recebimento de recursos públicos (partido).

( ) O requerimento de regularização deve ser solicitado pelo advogado e protocolado na Justiça Eleitoral.

( ) O requerimento de regularização deve ser elaborado pelo SPCE e encaminhado à Justiça Eleitoral seguindo os mesmos procedimentos da prestação de contas final.

Agora, assinale a alternativa que indica todas a(s) afirmativa(s) correta(s):

a) I e III.
b) I, II e IV.
c) II, III e IV.
d) II e III.
e) II e IV.

Questões para reflexão

1. Considerando que o parecer técnico é emitido com a intenção de ser conclusivo, finalizando o procedimento de análise, poderá ocorrer a emissão de outros pareceres?

2. A sentença de aprovação das contas serve de certidão de idoneidade para o candidato?

3. O poder de fiscalização/investigação da Justiça Eleitoral pode ocorrer fora do procedimento de contas, ou, ainda, iniciar antes mesmo da autuação das contas eleitorais? Essa fiscalização pode ser unilateral?

4. A sentença de prestação de contas tem força de coisa julgada? Ao definir-se pelo fim do processo de contas, impede-se o exercício do poder de investigação sobre os eventuais ilícitos em matéria financeira?

5. O julgamento, pela Justiça Eleitoral, de contas julgadas como não prestadas é considerado grave, pois tem sanções que podem repercutir em futuras candidaturas e no registro do partido político. Portanto, qual é a sanção para candidatos e partidos que têm as contas julgadas como não prestadas?

Considerações finais

Esta obra foi escrita com o propósito de ser referência na gestão financeira de campanhas eleitorais e contribuir para a segurança técnica necessária àqueles que aplicam a norma na realização dos atos de gestão, na auditoria ou no controle social. Também serve ao intuito de auxiliar no aprimoramento da norma jurídica, especialmente na elaboração da já prevista norma técnica do âmbito contábil a ser editada pelo Conselho Federal de Contabilidade (CFC).

A obra foi estruturada de sorte que contemplasse a lógica dos fatos, o início, o meio e o fim do assunto, desfazendo a crença de que a prestação de contas eleitorais é algo que deva ocorrer somente após a eleição.

A prática dos autores mostrou-lhes a premência de **sistematização da norma jurídica**, no caso, as resoluções do Tribunal Superior Eleitoral (TSE). Tal necessidade foi sentida nas aulas e nas palestras cujo mote é a contabilidade eleitoral e ministradas por todo o país. Soma-se a isso a dedicação da autora Raquel Maria Ferro Nogueira nos anos vividos nas fileiras da Justiça Eleitoral do Estado do Piauí.

Dos importantes conceitos iniciais, a obra passa para a prática dos atos de gestão em matéria financeira, sua documentação e seu registro contábil, que possibilitam a entrega de informações e documentos à

Justiça Eleitoral. Ao final, já de posse de dados sistematizados (atos e fatos contábeis escriturados), esta irá analisar a origem e a aplicação dos recursos para julgar o *compliance*, ou seja, a presença de erros, irregularidades e impropriedades eventualmente cometidas pelos prestadores de contas (candidatos e partidos políticos) desde o início da campanha.

Esperamos que o(a) leitor(a) tenha compreendido ao longo da leitura desta obra que, muito além da boa-fé, a campanha eleitoral exige conhecimento e planejamento daqueles que almejam o cargo público. Ainda, ansiamos que tenha ficado claro que a prestação de contas eleitorais é o resultado de um planejamento construído pelos profissionais que devem assessorar os prestadores de contas desde o início da campanha.

A ausência de doutrina ficou evidente. As poucas citações que aqui expusemos remetem a conceitos complementares que ajudam nas definições, entretanto as formulações ficaram praticamente restritas à letra da lei como único recurso técnico e, por isso, excessivamente adotado.

O resultado esperado é o aumento da clareza, seja pela identificação das possibilidades da arrecadação, seja pela correta classificação do gasto eleitoral e, por conseguinte, pela correta gestão financeira, praticando-se os atos em matéria financeira na forma legalmente prescrita e com a aderência às boas práticas contábeis pela presença de um profissional.

Também discorremos sobre a dinâmica operacional da campanha, na qual são aplicados os conceitos sistematizados nos capítulos iniciais – as receitas e despesas, na visão contábil. Dessa forma, a gestão financeira é complementada com as atividades da tesouraria, sempre bem assessorada, antes, por profissionais do direito e com a importante interferência ulterior do profissional da contabilidade, formando uma dinâmica de atuação conjunta e em tempo real.

Os capítulos finais foram fundamentados na profícua jornada da autora Raquel Maria Ferro Nogueira na Justiça Eleitoral do Estado do Piauí, contribuindo de forma inédita para o esclarecimento didático daquilo que está na letra fria da norma, principalmente quanto ao tema da análise de contas.

Detalhadamente, a autora demonstra, quase que em um passo a passo, o percurso das contas entregues à Justiça Eleitoral, procedimento marcado por fortes características administrativas, porém, agora judicializadas. Nesse esforço, foram reportados os preparativos, em ordem cronológica, que irão propiciar o julgamento das contas pela autoridade judicial, a esperada aprovação ou a indesejada desaprovação.

Aqui, assinalamos a importância de se regular a entrega das contas, contrapondo-se à sentença de contas não prestadas, esta sim, merecedora da pena máxima, que dá início à extinção da agremiação na localidade.

Assim, as contas entregues são marcadas por um viés positivo, pois sempre se almeja como resultado a aprovação. Logo, a aprovação é a condição de conformidade legal que deveria ser alcançada pela maioria dos prestadores de contas.

Entretanto, na corrida pelo voto, algumas decisões comprometem esse resultado, podendo fulminar de plano a possibilidade de diplomação ou apenas macular as contas, abrindo espaço para a aplicação dos princípios da razoabilidade e da proporcionalidade.

Vencer nos votos não é a única vitória, pois é preciso vencer nas urnas, demonstrando com clareza e transparência a licitude de todos os atos, inclusive os de gestão financeira, pois o exame deles pela Justiça Eleitoral repercutirá no julgamento das prestações de contas.

Alexandre Di Pietra | Raquel Maria Ferro Nogueira

Referências

BRASIL. Constituição (1988). **Diário Oficial da União**, Brasília, DF, 5 out. 1988.

BRASIL. Decreto-Lei n. 3.689, de 3 de outubro de 1941. **Diário Oficial da União**, Poder Executivo, Brasília, DF, 13. out. 1941. Disponível em: https://www.planalto.gov.br/ccivil_03/Decreto-Lei/Del3689.htm. Acesso em: 24 maio 2023.

BRASIL. Lei n. 4.737, de 15 de julho de 1965. **Diário Oficial da União**, Poder Executivo, Brasília, DF, 19 jul. 1965. Disponível em: https://www.planalto.gov.br/ccivil_03/leis/l4737.htm. Acesso em: 17 maio 2023.

BRASIL. Lei n. 8.987, de 13 de fevereiro de 1995. **Diário Oficial da União**, Poder Legislativo, Brasília, DF, 14 fev. 1995a. Disponível em: https://www.planalto.gov.br/ccivil_03/leis/l8987cons.htm. Acesso em: 19 maio 2023.

BRASIL. Lei n. 9.096, de 19 de setembro 1995. **Diário Oficial da União**, Poder Legislativo, Brasília, DF, 20 set. 1995b. Disponível em: https://www.planalto.gov.br/ccivil_03/leis/l9096.htm. Acesso em: 17 maio 2023.

BRASIL. Lei n. 9.504, de 30 de setembro de 1997. **Diário Oficial da União**, Poder Legislativo, Brasília, DF, 1º out. 1997. Disponível em: http://www.planalto.gov.br/ccivil_03/leis/L9504.htm. Acesso em: 17 maio 2023.

BRASIL. Lei n. 12.034, de 29 de setembro de 2009. **Diário Oficial da União**, Poder Legislativo, Brasília, DF, 29 set. 2009. Disponível em: https://www.planalto.gov.br/ccivil_03/_ato2007-2010/2009/lei/l12034.htm Acesso em: 23 maio 2023.

BRASIL. Lei n. 13.105, de 16 de março de 2015. **Diário Oficial da União**, Poder Legislativo, Brasília, DF, 17 mar. 2015a. Disponível em: https://www.planalto.gov.br/ccivil_03/_ato2015-2018/2015/lei/l13105.htm. Acesso em: 24 maio 2023.

BRASIL. Lei n. 13.165, de 29 de setembro de 2015. **Diário Oficial da União**, Poder Legislativo, Brasília, DF, 29 set. 2015b. Disponível em: https://www.planalto.gov.br/ccivil_03/_ato2015-2018/2015/lei/l13165.htm. Acesso em: 23 maio 2023.

BRASIL. Lei Complementar n. 64, de 18 de maio de 1990. **Diário Oficial da União**, Poder Legislativo, Brasília, DF, 21 maio 1990. Disponível em: https://www.planalto.gov.br/ccivil_03/leis/lcp/lcp64.htm. Acesso em: 17 maio 2023.

BRASIL. Lei Complementar n. 105, de 10 de janeiro de 2001. **Diário Oficial da União**, Poder Executivo, Brasília, DF, 11 jan. 2001. Disponível em: https://www.planalto.gov.br/ccivil_03/leis/lcp/lcp105.htm. Acesso em: 24 maio 2023.

BRASIL. Conselho Federal de Contabilidade. Resolução n. 1.282, de 28 de maio de 2010. **Diário Oficial da União**, Brasília, DF, 2 jun. 2010. Disponível em: https://www.normaslegais.com.br/legislacao/respcaocfc1282_2010.htm. Acesso em: 23 maio 2023.

BRASIL. Ministério da Economia. Banco Central do Brasil. Área de Regulação. Departamento de Regulação do Sistema Financeiro. Comunicado n. 35.979, de 28 de julho de 2020. **Diário Oficial da União**, Poder Executivo, Brasília, DF, 29 jul. 2020a. Disponível em: https://www.in.gov.br/en/web/dou/-/comunicado-n-35.979-de-28-de-julho-de-2020-269221392. Acesso em: 23 maio 2023.

BRASIL. Supremo Tribunal Federal. **Ação Direta de Inconstitucionalidade n. 4.650, de 17 de setembro de 2015.** Distrito Federal. Recorrente: Conselho Federal da Ordem dos Advogados do Brasil. Recorrido: Presidente da República; Congresso Nacional. Relator: Min. Luiz Fux, 17 set. 2015c. Disponível em: https://redir.stf.jus.br/paginadorpub/paginador.jsp?docTP=TP&docID=10329542. Acesso em: 24 maio 2023.

BRASIL. Supremo Tribunal Federal. **Ação Direta de Inconstitucionalidade n. 5.617, de 15 de março de 2018.** Distrito Federal. Recorrente: Procurador-Geral da República. Recorrido: Presidente da República; Congresso Nacional. Relator: Min. Edson Fachin, 15 mar. 2018a. Disponível em: https://redir.stf.jus.br/paginadorpub/paginador.jsp?docTP=TP&docID=748354101. Acesso em: 24 maio 2023.

BRASIL. Supremo Tribunal Federal. **Arguição de Descumprimento de Preceito Fundamental n. 738/DF.** Relator: Min. Ricardo Lewandowski, 29 out. 2020b. Disponível em: https://portal.stf.jus.br/processos/detalhe.asp?incidente=5997127. Acesso em: 24 maio 2023.

BRASIL. Supremo Tribunal Federal. **Prestação de Contas n. 27098/Distrito Federal**. Relator: Min. Luiz Fux, 2 mar. 2018b. Disponível em: https://www.conjur.com.br/dl/limites-documentos-prestacao-contas.pdf. Acesso em: 23 maio 2023.

BRASIL. Tribunal Superior Eleitoral. Consulta n. 060052-18.2018.6.00.000, de 15 de agosto de 2018. Relatora: Min. Rosa Weber. **Diário da Justiça Eleitoral**, Poder Judiciário, Brasília, DF, 15 ago. 2018c. Disponível em: https://www.conjur.com.br/dl/voto-rosa-weber-consulta-publica.pdf. Acesso em: 24 maio 2023.

BRASIL. Tribunal Superior Eleitoral. Consulta n. 0600306-47.2019.6.00.000, de 15 de agosto de 2018. Relator: Min. Luís Roberto Barroso Weber. **Diário da Justiça Eleitoral**, Poder Judiciário, Brasília, DF, 5 out. 2020c. Disponível em: https://www.tre-mt.jus.br/++theme++justica_eleitoral/pdfjs/web/viewer.html?file=https://www.tre-mt.jus.br/institucional/eje/cursos/arquivos/consulta-tse-0600306-47-financiamento-de-candidaturas-negras/@@download/file/Consulta%20TSE%200600306-47%20-%20financiamento%20de%20candidaturas%20negras.pdf. Acesso em: 24 maio 2023.

BRASIL. Tribunal Superior Eleitoral. **Glossário eleitoral explica o que é a prestação de contas de campanha**. 2019a. Disponível em: https://www.tse.jus.br/comunicacao/noticias/2019/Maio/glossario-eleitoral-explica-o-que-e-a-prestacao-de-contas-de-campanha. Acesso em: 24 maio 2023.

BRASIL. Tribunal Superior Eleitoral. Secretaria de Gestão da Informação e do Conhecimento. Coordenadoria de Jurisprudência e Legislação. Seção de Legislação. Resolução n. 23.463, de 15 de dezembro de 2015. **Diário da Justiça Eleitoral**, Poder Judiciário, Brasília, DF, 29 dez. 2015d. Disponível em: https://www.tse.jus.br/legislacao/compilada/res/2015/voto-pela-aprovacao-da-resolucao. Acesso em: 23 maio 2023.

BRASIL. Tribunal Superior Eleitoral. Secretaria de Gestão da Informação e do Conhecimento. Coordenadoria de Jurisprudência e Legislação. Seção de Legislação. Resolução n. 23.604, de 17 de dezembro de 2019. **Diário da Justiça Eleitoral**, Poder Judiciário, Brasília, DF, 27 dez. 2019b. Disponível em: https://www.tse.jus.br/legislacao/compilada/res/2019/resolucao-no-23-604-de-17-de-dezembro-de-2019. Acesso em: 23 maio 2023.

BRASIL. Tribunal Superior Eleitoral. Secretaria de Gestão da Informação e do Conhecimento. Coordenadoria de Jurisprudência e Legislação. Seção de Legislação. Resolução n. 23.607, de 17 de dezembro de 2019. **Diário da Justiça Eleitoral**, Poder Judiciário, Brasília, DF, 27 dez. 2019c. Disponível em: https://www.tse.jus.br/legislacao/compilada/res/2019/resolucao-no-23-607-de-17-de-dezembro-de-2019. Acesso em: 17 maio 2023.

BRASIL. Tribunal Superior Eleitoral. Secretaria de Gestão da Informação e do Conhecimento. Coordenadoria de Jurisprudência e Legislação. Seção de Legislação. Resolução n. 23.665, de 9 e dezembro de 2021. **Diário da Justiça Eleitoral**, Poder Judiciário, Brasília, DF, 27 dez. 2021a. Disponível em: https://www.tse.jus.br/legislacao/compilada/res/2021/resolucao-no-23-665-de-9-de-dezembro-de-2021. Acesso em: 17 maio 2023.

BRASIL. Tribunal Superior Eleitoral. Secretaria de Gestão da Informação e do Conhecimento. Coordenadoria de Jurisprudência e Legislação. Seção de Legislação. Resolução n. 23.674, de 16 de dezembro de 2021. **Diário da Justiça Eleitoral**, Poder Judiciário, Brasília, DF, 23 dez. 2021b. Disponível em: https://www.tse.jus.br/legislacao/compilada/res/2021/resolucao-no-23-674-de-16-de-dezembro-de-2021. Acesso em: 5 fev. 2023.

DI PIETRA, A. **Comentários à Resolução TSE nº 23.607/2019, artigo-por-artigo**. Campinas, 2020. (Contabilidade Eleitoral & Prestação de Contas, v. 1).

Respostas

Capítulo 1

Questões para revisão
1. a
2. c
3. c
4. e
5. e

Capítulo 2

Questões para revisão
1. b
2. e
3. e
4. c
5. d

Capítulo 3

Questões para revisão

1. c
2. e
3. a
4. b
5. d

Capítulo 4

Questões para revisão

1. b
2. c
3. e
4. d
5. e

Capítulo 5

Questões para revisão

1. c
2. b
3. a
4. e
5. b

Capítulo 6

Questões para revisão

1. d
2. b
3. c
4. e
5. b

Sobre os autores

Alexandre Di Pietra é pós-graduando em Direito Eleitoral pela Escola Paulista da Magistratura (EPM). É professor, palestrante e membro da Comissão Técnica de Contabilidade Eleitoral do Conselho Federal de Contabilidade (CFC), em convênio com o Tribunal Superior Eleitoral (TSE) (2022- 2023), da Comissão Especial de Direito Eleitoral da Ordem dos Advogados do Brasil seção São Paulo (OAB-SP) e da Academia Brasileira de Direito Eleitoral (Abradep). Atua como advogado especialista em prestação de contas eleitorais, defesas e recursos de partidos e candidatos, e profissional da contabilidade na área pública, além de chefiar a contabilidade da Câmara Municipal de Santa Isabel, no estado de São Paulo. É coautor dos livros *Contabilidade eleitoral: aspectos contábeis e jurídicos das prestações de contas das eleições de 2016*, *Contabilidade eleitoral: da teoria à prática*, *Comentários à Resolução TSE n. 23.607/2019, artigo-por-artigo* e *Contabilidade eleitoral & prestação de contas* (v. 1).

Raquel Maria Ferro Nogueira é graduada em Ciências Contábeis (1985) pela Universidade Federal do Piauí (UFPI) e em Direito (2003) pela Universidade Estadual do Piauí (Uespi) e especialista em Gestão Pública (2007) pela Faculdade Integrada de Jacarepaguá (FIJ).

É servidora aposentada do Tribunal Regional Eleitoral do Piauí (TRE/PI), presta assessoria técnica e ministra palestras e cursos na área de prestação de contas de campanha eleitoral e prestação de contas de partidos políticos. É sócia-administradora da empresa Eleva Serviços de Consultoria Contábil e Tributária Ltda. e conselheira suplente do Conselho Regional de Contabilidade do Piauí (CRC/PI), no período de 1º de janeiro de 2022 a 31 de dezembro de 2025.